ATLAS DE LITERATURA LATINOAMERICANA
(Arquitectura inestable)

Edición de Clara Obligado
Ilustraciones de Agustín Comotto

ATLAS
DE LITERATURA
LATINOAMERICANA

(Arquitectura inestable)

Nørdicalibros

Doctor Blanco Soler, 26
28044 Madrid
Tlf: (+34) 917 055 057
info@nordicalibros.com

Primera edición: marzo de 2022

ISBN: 978-84-18451-87-4
IBIC: DNF
Thema: DNL
Depósito Legal: M-7326-2022

Impreso en España / *Printed in Spain*

Gracel Asociados
Alcobendas (Madrid)

Diseño y maquetación: Tono Cristòfol
Corrección ortotipográfica: Victoria Parra y Ana Patrón

Índice

Prólogo

—¡Realizamos un mapa del país con la escala de una milla por milla!

—¿Lo habéis utilizado mucho? —pregunté.

—Nunca ha sido desplegado todavía —dijo Mein Herr—, los granjeros se opusieron. Dijeron que cubriría completamente el país, ¡y no dejaría pasar la luz del Sol! Así que ahora utilizamos el propio país como su propio mapa, y te aseguro que funciona casi mejor.

LEWIS CARROLL, *Silvia y Bruno*

Borges, en «Del rigor de la ciencia», imagina un imperio donde la cartografía se vuelve tan exacta que un mapa tendría el mismo tamaño que el territorio. Este mapa carece de utilidad, pero expresa la idea de que un territorio es imposible de representar. La imagen, irónica y vertiginosa, ilumina gran parte de las paradojas que acompañan a quien intente elaborar un *Atlas*.

Un *Atlas* es una suma de mapas y los mapas, basados en general en la proyección de Mercator, no son exactos ya que la proyección cartográfica, cuando intenta ajustar una superficie esférica en una superficie plana, se distorsiona. Bonini explica también la dificultad de construir modelos conceptuales que puedan capturar el funcionamiento de ciertos sistemas, pues a medida que el modelo se hace más completo, se vuelve menos entendible. Es decir, los mapas más sencillos son menos precisos pero resultan, también, los más útiles para un territorio. Dicho de otra manera: «Todo lo sencillo es falso. Todo lo complejo es inusable».[1]

También es cierto que los perfiles de los territorios varían según las épocas; en la cartografía medieval, por ejemplo, hay imágenes que colocan a Jerusalén en el centro del mundo. Si observamos las representaciones de América que se vierten en los mapas del siglo XVI, basadas en las tierras «descubiertas» por las expediciones castellanas, portuguesas o inglesas, veremos que la perfilan como una pluma arrinconada. ¿Por qué el norte está arriba y el sur abajo?

Un *Atlas*, decíamos, es un conjunto de mapas que busca describir y reconocer un territorio de manera icónica y a través del tiempo, organizando un entorno. Un *Atlas* de literatura es, también, un itinerario de libros, pero es un camino mudable, porque la literatura se caracteriza por un asentarse complejo en el territorio, por un movimiento perpetuo. ¿Cómo representar fronteras y desplazamientos, orígenes y extranjería, viejos itinerarios y senderos que emergen? Allí donde la tradición había señalado una ruta de prestigios, aparecen ahora las bifurcaciones pujantes de las rutas secundarias.

Así organizar este libro fue, al mismo tiempo, creativo y descorazonador, tuvo mucho de descubrimiento, y de misión imposible. Si no deseábamos perdernos en una tarea infinita, había que acotar el material y fijamos en cincuenta las entradas. ¿A quién sumar, y a quién excluir? Toda inclusión es, también, una exclusión soterrada, toda elección es una injusticia. Las rutas que emergían proyectaban un poderoso cono de sombra sobre los autores del *boom*, que son parte de la literatura universal y, por lo tanto, obvios, y visibilizaban otros textos que no estaban tan claramente perfilados. También asomaban muchas autoras, tantas veces opacadas. ¿Borges, Onetti, Rulfo o García Márquez? No están en estas páginas, pero a la vez sí.

1   Paul Valéry, *Nôtre destin et les lettres*.

La literatura es un gran sistema de citas, y están representados su impulso germinal, su eco, su mundo. También es cierto que la pujanza de cierta literatura latinoamericana actual muestra otros senderos de lectura que cuestionan las tradiciones.

Poco a poco nuestro trabajo se fue perfilando. La decisión siguiente consistió en convocar a escritores actuales para que escribieran sobre los clásicos. ¿Qué leen hoy los autores y autoras latinoamericanos? ¿Qué recomendarían? ¿Qué textos del viejo canon perviven, cuáles son los vasos comunicantes entre la pujanza actual y la tradición? Queríamos una Silvina Ocampo presentada por Mariana Enriquez, o un Roberto Bolaño comentado por Andrés Neuman, pero la mayoría de los escritores que participaron en este libro realizaron su propia elección, propusieron a quien querían comentar; desde el propio país y desde fuera las miradas se cruzaron y fueron multiplicándose de manera fractal y los textos que iban llegando eran de una calidad conmovedora. Hay ausencias, es verdad, y también incorporaciones estimulantes. Hay, sobre todo, pasión y debate.

Poco a poco, con el cruce de voces, orillas y fronteras, este *Atlas* vibrante empezó a convertirse, también, en una creación literaria. Para sumar miradas incluimos a críticos de la península, editores, traductores. El resultado fue intergeneracional y diaspórico, movedizo, inestable. Situamos entonces a los autores, no en el lugar en el que vivieron, sino en el de su nacimiento. Hay excepciones que reflejan la emigración o el exilio: aunque no hubieran nacido en América Latina, Clarice Lispector o Leonora Carrington están presentes.

Como todos los *Atlas*, este también es incompleto, y solo hemos incluido textos escritos en castellano. No está representado Brasil más que de manera simbólica y hay una ausencia dolorosa, la de las literaturas escritas en lenguas originarias, que merecen ser tratadas con una profundidad inabarcable para un proyecto como el nuestro.

Este *Atlas*, por fin, no solo está constituido por un texto escrito, el salto de lo verbal a lo visual, el aporte gráfico también es parte de su estructura. Hay una información que necesita volverse imagen, tipografía y topografía, que pide ser mapeada y que es retorno visual de otro reflejo, el del texto en sí. Resulta estimulante pensar que, como en las cajas chinas, lo escrito se ofrece a un escritor que lo comenta y luego a alguien que, diseñando o ilustrando, espejea y visualiza, relata sobre otros que relatan. Así hasta el infinito.

Creo que fue Antonio Machado quien, en *Juan de Mairena*, dijo que, si la excepción hace la regla, la regla más perfecta es aquella en la que todas son excepciones. Así son estas páginas, pobladas de libros para descubrir, en las que la literatura fluye. En ellas el acto de leer y el de escribir se trenzan y se renuevan, las turbulentas corrientes de un cauce general se dispersan en afluentes y proponen lecturas múltiples que, más que consolidar una foto fija del pasado, se tensionan, se entrecruzan, anegan los mapas y cartografían un porvenir.

CLARA OBLIGADO

....

Agradecimientos

Por estricta justicia poética, agradezco a Julio Prieto su amistad, su ayuda, sus comentarios y su generoso compromiso con los textos. Agradezco también a Pedro García Martín el impulso inicial y a Alexandra Ortiz Wallner, sus recomendaciones y sabiduría.

ATLAS
DE LITERATURA LATINOAMÉRICANA

(Arquitectura inestable)

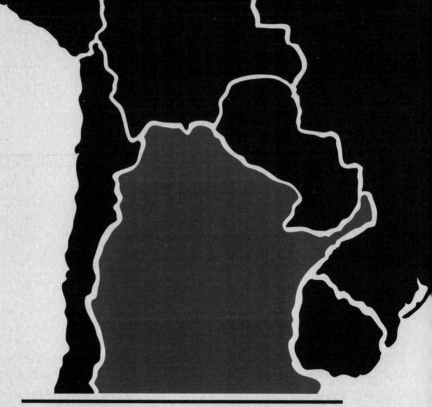

ARGENTINA

Antonio Di Benedetto, el cambio permanente

Por Federico Falco

Antonio Di Benedetto (Mendoza, 1922-Buenos Aires, 1986). Escritor, periodista y docente argentino. Su narrativa está vinculada al existencialismo. Su novela más acreditada es *Zama* (1956). Otras obras destacadas son *Mundo animal* (1953), *Grott* (1957) y las colecciones de cuentos *El Pentágono* (1955) y *El silenciero* (1964). Fue apresado durante la última dictadura cívico-militar en su despacho del diario *Los Andes*, sometido a torturas de las que no pudo reponerse. Durante el exilio vivió durante seis años en Madrid y, con la democracia, regresó a Buenos Aires, donde murió dos años más tarde.

Federico Falco (General Cabrera, 1977). Ha publicado los libros de cuentos *222 patitos*, *La hora de los monos* y *Un cementerio perfecto*. También el libro de poemas *Made in China* y la novela breve *Cielos de Córdoba*. En 2010 fue seleccionado por la revista *Granta* como uno de los mejores narradores jóvenes en español. En 2020 su novela *Los llanos* fue finalista del Premio Herralde. Actualmente reside en Córdoba y coordina talleres de escritura. Codirige el proyecto editorial Cuentos María Susana. Recibió el Premio Medifé-Filba 2021 con su novela *Los llanos*.

Cada vez que me ponen en la obligación de hacer listas y elegir mis favoritos, «Caballo en el salitral», de Antonio Di Benedetto, aparece alto en mi *ranking* de cuentos preferidos, y *Zama*, su novela mítica, en el top cinco de mis novelas alguna vez escritas.

La elección de *Zama* es casi un lugar común. Publicada en 1956, desde mediados de los años setenta una y otra vez fue postulada como una de las grandes novelas argentinas. La predilección por «Caballo en el salitral», en cambio, es un poco más subjetiva y difícil de explicar.

Una de las razones es el lenguaje con que Di Benedetto narra la historia: tan extraño, tan particular y tan único. Ese trabajo con el lenguaje, mezcla de regionalismos, giros arcaicos, una sintaxis sincopada a fuerza de silencios y latigazos verbales, el uso de formas de habla que uno nunca sabe si son un invento propio o copian alguna jerga lejana, ya por todos olvidada, es algo que aparece por primera

vez en *Zama* (una novela narrada en primera persona y que trans-
curre en una ciudad virreinal, a fines del siglo XVIII) y que se vuelve
muy evidente en sus cuentos «históricos» pero que con mayor o
menor modulación se permea a toda su escritura. Es como si después de *Zama* Di Benedetto se hubiera dado a sí mismo un habla
propia; siempre cambiante pero reconocible y, al mismo tiempo,
extraña; un poco artificial pero legible; arbitraria y poética, pero que
se mantiene al servicio de la narración.

Otra de las cosas que me gustan de «Caballo en el salitral» es
su estructura hecha de deslizamientos inesperados, de «bloques» o
secuencias de narración que se van entrelazando a partir de la con-
tinuidad —o no— de ciertos personajes. Hay un drama pero Di
Benedetto lo narra casi sin prestarle atención. Y esas son otras de
las características que creo se expanden a lo largo de toda su obra: la
inventiva formal y la distancia neutra con que se cuenta, una distancia que, por contraposición, carga a la lectura de una emoción por
momentos impiadosa, o implacable.

Experimentación formal y distancia aparecen, por ejemplo, en
dos de sus cuentos más debatidos: «Declinación y Ángel», una historia narrada solo con imágenes visuales y sonoras y que trata de
aplicar al texto una serie de procedimientos cinematográficos; y «El
abandono y la pasividad», intento de vencer un desafío: escribir un
relato sin personajes. Los dos se publicaron a fines de la década de
1950 y para algunos fueron claros percusores del *Nouveau roman*.

En la literatura argentina, Di Benedetto siempre fue un autor difícil de encasillar. Mendocino, es decir, «de provincias», escribió
toda su obra desde allí, hasta que en la década de 1970 debió exiliarse en Europa. Regresó en 1983, para instalarse por unos pocos años
en Buenos Aires. Falleció en 1986. Aunque *Zama* siempre se consideró una novela magistral, rara vez se la menciona en relación al
boom latinoamericano de la década de 1960 y hasta hace unos años,
con las reediciones y, después, la adaptación cinematográfica de Lu-
crecia Martel, no era más que una palabra casi en clave, que circu-
laba de boca en boca gracias a lectores fanáticos. A mediados de
los 70, la traducción de *El silenciero* le dio a Di Benedetto un gran

reconocimiento de público y crítica en Alemania, pero en Argentina siguió siendo, casi hasta el final, muy poco leído y conocido. Su escritura desde ese margen geográfico que es la provincia tal vez sea una de las razones, pero además, libro a libro Di Benedetto no deja de cambiar, de intentar nuevas formas, nuevos géneros, de explorar y experimentar. Sus cuentos, creo, son el mejor lugar para ver esas pruebas, esos intentos, esos desafíos que se imponía a sí mismo.

Di Benedetto siempre me dio la sensación de un autor incómodo, consigo mismo, con su lugar en el canon literario, con su propia escritura. Es uno de esos autores que son siempre jóvenes, que nunca maduran y eso es una de las cosas que más me gustan de su escritura. Es un autor que siempre se está yendo y empezando de nuevo, un nuevo experimento, una nueva experiencia de escritura: en otro género, en otra forma, en otra zona, en otro lenguaje, en otro lugar.

Sara Gallardo, en busca de la libertad total

Por Federico Falco

Sara Gallardo (Buenos Aires, 1931-1988). Escritora y periodista argentina. Autora de las novelas *Enero* (1958), *Pantalones azules* (1963), *Los galgos, los galgos* (1968) y *Eisejuaz* (1971). Su obra literaria fue ignorada por la crítica de su época por no pertenecer al canon literario de aquel entonces, hasta que, tras su muerte, pasó a ser considerada una «escritora de culto», gracias a la reivindicación de su obra por parte del movimiento feminista, de la crítica académica y de escritores tales como Leopoldo Brizuela, Patricio Pron y Samanta Schweblin, entre otros.

Federico Falco (biografía en la página 15).

En el norte argentino, Lisandro Vega, un aborigen mataco, recibe —o cree recibir— un mandato divino: volverse santo. En pos de cumplir esa misión, Vega, ya de por sí un personaje marginal, que vive en el monte en condiciones de pobreza y con muy poca educación formal, casi analfabeto, es obligado a apartarse de su comunidad, a marginalizarse aún más, a autoexcluirse de lo profano que lo rodea y a superar una prueba: salvar al Paqui, un vendedor de jabones viejo y caído en desgracia, taimado, tramposo. Vega no entiende el porqué de esta prueba, pero se dedica a ella con todo su cuerpo y con toda su mente y con toda su lengua: porque Lisandro Vega habla. Vega —como todos los santos— nos da testimonio de su fe y del camino de sus ascesis. «Yo soy Eisejuaz, Este También, el comprado por el Señor, el del camino largo».

Publicada en 1971 y considerada por Ricardo Piglia una de las novelas capitales de la Argentina del siglo xx, por su tema, por su forma y, sobre todo, por el lenguaje que Sara Gallardo inventa para Vega, *Eisejuaz* es un objeto extraño, bellísimo y deslumbrante, que reluce casi solo en la literatura de esos años.

Obra maestra de escasa repercusión en su momento, descolocó a sus primeros lectores tal vez porque no esperaban algo así de una escritora como Sara Gallardo. Descendiente de familias patricias, heredera de la oligarquía, pariente directa de los próceres del país, su escritura fue una permanente revuelta contra ese nacimiento. En *Enero*, su primera novela, el punto de vista acompañaba amorosamente a una joven adolescente, hija de peones en una estancia. En *Pantalones Azules*, el punto de vista era el de un adolescente también, pero religioso y de buena familia, con simpatías filonazis, y lo que se presenciaba era su desarmarse, las grietas que empezaban a aparecer en su identidad al replantearse la pertenencia de clase. *Los galgos, los galgos*, su tercera novela, fue un éxito de ventas. En ella volvía al personaje central del heredero atrapado en las convenciones de una clase que empieza a decaer o a reconvertirse y volverse productiva. Las tres novelas son deliciosas y están llenas de grandes escenas, siempre hay inventiva en el narrar, en el uso de los silencios, en la profundidad conmovedora de los personajes, pero en ningún momento abandonan las convenciones de cierto realismo de postguerra y su lenguaje es prístino, de una simpleza que

emociona sobre todo en la poesía de sus descripciones y sus diálogos.

Por eso, el salto hacia *Eisejuaz* debe haber sido impresionante: tanto para los lectores como para la propia Gallardo. En *Eisejuaz* la escritura ya no es un deslizamiento y una crítica a partir de la adhesión a las convenciones comunitarias de un lenguaje, sino el invento de un lenguaje otro, propio, personalísimo: un lenguaje proteico que toma palabras, giros, porciones de habla del imaginario indígena y los entremezcla con retorcimientos vanguardistas, con el léxico exaltado de un místico y con el vocabulario de alguien acostumbrado a convivir tanto con el barro del monte como con los susurros de lo divino.

Como marcada por el fuego de esa escritura, a partir de ese momento la obra de Sara Gallardo se vuelve una obra de una originalidad y una potencia impresionantes. Sobre todo en los cuentos de *El país del humo*, algunos narrados, pareciera, desde un lugar completamente nuevo: desde una libertad total. *La rosa en el viento*, su última novela, prosigue esa búsqueda en el desmembrarse de la propia forma novela, una búsqueda que no puede dejar de sentirse trunca, inconclusa: Sara Gallardo falleció de manera inesperada, en 1988, a los cincuenta y siete años.

José Hernández, el flamante pasado

Por Martín Kohan

José Hernández (Perdriel, 1834-Buenos Aires, 1886). Poeta, autor de *Martín Fierro*, obra que se considera la cumbre de la literatura gauchesca y un destacado clásico de la literatura argentina. Se vio involucrado en las luchas políticas que dividieron al país después de la caída de Juan Manuel de Rosas. Se dedicó al periodismo colaborando en *El Argentino*, escribió en *El Eco de Corrientes* y fundó más tarde, en Buenos Aires, *El Río de la Plata*, diario de vida efímera donde denunciaba la situación de los habitantes.

Martín Kohan (Buenos Aires, 1967). Es profesor de Teoría Literaria en la Universidad de Buenos Aires. Sus últimos libros son el ensayo *1917*, la novela *Confesión* y los libros de cuentos *Cuerpo a tierra* y *Desvelos de amor*. En 2007 recibió el Premio Herralde de Novela.

Martín Fierro es uno de esos libros en los que, con el tiempo, el personaje llega a resultar más real que el propio autor (otro caso por demás notorio, y alguna vez señalado por Borges, es el de *Don Quijote de la Mancha* y Miguel de Cervantes Saavedra). En efecto, en el imaginario argentino Martín Fierro parece haber existido de veras, aún más poderosamente que José Hernández, que es el que lo creó y lo escribió. Y es que en *Martín Fierro* (o mejor dicho: con *Martín Fierro*) se elaboró y se plasmó toda una idea de lo popular, de la cultura popular, de la cultura nacional y popular en la Argentina. Por supuesto que eso ocurrió una vez que ese universo popular se encontraba ya debidamente sojuzgado o suprimido. Una vez conjurado como amenaza social efectiva, el gaucho se vio recuperado y elevado a la condición de símbolo: emblema de la argentinidad, incluso hasta el día de hoy.

Martín Fierro, texto canónico de la tradición gauchesca, cumplió en eso una función determinante. El poema tiene dos partes, que son distintas entre sí. La primera es «El gaucho Martín Fierro» y se publicó en 1872. La segunda es «La vuelta de Martín Fierro» y se publicó siete años después, en 1879. En la primera parte lo que predomina son los tonos de la protesta, queja y denuncia de las injusticias padecidas por los gauchos, especialmente en su incorporación forzosa a las filas del ejército para luchar contra los indios en la línea de fronteras, y concluye con una formidable partida de Fierro hacia la tierra de los indios. La segunda parte comienza con su regreso, pero en la modulación general del poema el rencor de las quejas deja lugar a un discurso paternalista (y paternal) de resignación y reconciliación. El gaucho rebelde de la «Ida» es gaucho manso en la «Vuelta». Ya no piensa en retobarse, y enseña que no hay que hacerlo.

Compuesto por un letrado, como lo era José Hernández, adopta en su enunciación el registro de la voz del gaucho; lo que, en combinación con la métrica y la rima, favoreció su memorización y su exitosa circulación entre los sectores populares. Es decir que la oralidad gauchesca traspasó primero a la escritura, pero para luego retornar al registro oral de la recitación de los gauchos. Consagrado como clásico nacional, integrado al panteón literario, impera en la cultura letrada; pero no deja de habitar una cierta circulación hablada por los asiduos refranes que de sus páginas se extraen y se repiten actualmente (incluso por quienes pueden no haber leído el libro).

El mundo que *Martín Fierro* refleja cuenta menos que el que suscita. *Martín Fierro* funda un pasado (es decir, una memoria) y una persistencia (es decir, una identidad). «Martín Fierro» es el nombre de la tradición. No obstante, en la década de 1910, fue así como se llamó una publicación anarquista. Y en la de 1920, fue así como se llamó la más conocida revista de vanguardia. Y en el presente, es ese el nombre que llevan los premios de la radio y la televisión argentinas. «Martín Fierro» es pues el nombre de la tradición, sí, pero de una tradición que se abre y que se expande como queriendo significarlo todo; aun, y especialmente, lo nuevo.

Silvina Ocampo, el jardín secreto

Por Mariana Enriquez

Silvina Ocampo (Buenos Aires, 1906-1993). Cuentista y poeta. Hermana de la escritora y fundadora de la revista *Sur*, Victoria Ocampo, y esposa del gran narrador argentino Adolfo Bioy Casares, quienes eclipsaron su obra durante gran parte de su vida. Autora deslumbrante por la calidad literaria de sus cuentos, ha pasado a la historia de la literatura argentina del siglo XX por la crueldad desconcertante que supo imprimir en algunos protagonistas de estos relatos. Su primer libro fue *Viaje olvidado* (1937) y el último, *Las repeticiones*, publicado póstumamente, en 2006.

Mariana Enriquez (Buenos Aires, 1973). Ha publicado novelas, cuentos, crónicas y un perfil de Silvina Ocampo, *La hermana menor* (Ediciones UDP/Anagrama). Es docente de periodismo y editora del suplemento *Radar* en el diario *Página 12*. Sus últimos libros son la novela *Nuestra parte de noche* (Premio Herralde 2019 y Premio de la Crítica 2019) y *El otro lado. Retratos, fetichismos, confesiones* (UDP, 2020), una recopilación de su trabajo periodístico y de no ficción editada por Leila Guerriero.

Me pregunto, a veces, si la radicalidad de los textos de Silvina Ocampo, su uso del lenguaje tan poco convencional, sus temas estrafalarios o sus frecuentes cambios de geñero en el narrador sin dar aviso se deben a que el castellano no fue su primera lengua. Tuvo que aprenderla como una extranjera. Silvina nunca fue a la escuela porque los Ocampo, terratenientes ricos hasta el delirio, educaron a sus cinco hijas en casa, con institutrices. Las clases se dictaban en francés; las niñas aprendían también inglés, italiano y castellano, pero el idioma de la tierra natal venía último en la lista de prioridades. Silvina, al principio, escribía en inglés, porque la gramática del español le resultaba «imposible». Es una ironía y es increíble que la mejor escritora argentina y una de las más importantes en lengua castellana aprendió la lengua de su escritura relativamente tarde, y con dificultad. Escribir fue, para ella, un aprendizaje en muchos sentidos. Y usó para ese camino las herramientas de su mundo: los niños crueles, las infancias tenebrosas, los amores obsesivos, las clases

populares y su forma de hablar —que encontraba fascinante—, los encierros en los que transcurrió su vida, las lecturas poco convencionales, desde Djuna Barnes hasta Baudelaire, autores que su esposo, Adolfo Bioy Casares, y su mejor amigo, Jorge Luis Borges, no registraban o, incluso, despreciaban.

Mi encuentro con sus cuentos fue temprano y oblicuo. En la biblioteca familiar había algunos libros de Silvina y me llamó la atención una recopilación de sus relatos porque la tapa tenía unas fotografías de muñecas o estatuas estrábicas y siniestras. Empecé con el cuento del título y quedé espantada: era la historia de una niña rica de quien abusaba uno de los empleados domésticos de la familia, pero los hechos no estaban presentados como un horror. Sí, él era poderoso y a veces titánico, pero la niña también disfrutaba y el cuento se llamaba «El pecado mortal» porque esta iniciación sexual perversa sucedía poco antes de la primera comunión. Otro cuento también me dio miedo: una modista acompañada de una niña, que nunca se sabe si es su hija o es una especie de demonio risueño, van una tarde de mucho calor a casa de una mujer burguesa. Le llevan un vestido de terciopelo; ella quiere probárselo aunque no va a usarlo pronto, por la textura de la tela. La consecuencia de su capricho es violenta, cruel y muy graciosa: el humor de Silvina Ocampo, su registro de lo ridículo de la existencia, es agudo y grotesco. Sus cuentos no son «de género» pero pueden reunirse bajo el enorme paraguas del *weird*, el cuento raro, casi nunca sobrenatural pero marcado por los dedos de una bruja, peligroso y dislocado, como si transcurriera en un mundo con otras reglas. O con un idioma diferente.

Alejandra Pizarnik, la poesía como testigo lúcido

Por María Negroni

Alejandra Pizarnik (Avellaneda, 1936-Buenos Aires, 1972). Poeta y traductora. Su obra poética, inscrita en la corriente neosurrealista, manifiesta un espíritu de rebeldía que linda con el autoaniquilamiento. Entre sus títulos más destacados figuran *La tierra más ajena* (1955), *Árbol de Diana* (1962) y *Extracción de la piedra de locura* (1968). Su poesía, siempre intensa, a veces lúdica y a veces visionaria, se caracterizó por la libertad y la autonomía creativa.

María Negroni (Rosario, 1951). Publicó, entre otros: *Arte y fuga, Cantar la nada, Elegía Joseph Cornell, Interludio en Berlín, Archivo Dickinson* y *Exilium* (poesía); *Ciudad gótica, Museo negro, Galería fantástica, Pequeño mundo ilustrado* y *El arte del error* (ensayo); *El sueño de Úrsula* y *La Anunciación* (ficción). Obtuvo una beca Guggenheim, una beca de la Fundación Octavio Paz en poesía y el Premio Internacional de Ensayo Siglo XXI (México). Ha sido traducida al inglés, francés, italiano, sueco y portugués. Su libro más reciente es *El corazón del daño* (Random House, 2021).

Como casi todas las poetas de mi generación, comencé a leer a Alejandra Pizarnik después de su muerte. Para mí, ella fue y sigue siendo una escritura, es decir un enigma generoso. Al principio, me dejé hipnotizar. Fui y vine por esas miniaturas como quien aprende a escuchar lo inmenso de las cosas que no sabe. Después me distancié. Después volví a empezar, por otro lado. Durante años, me dediqué a buscar en los textos «malditos» de su producción (*La condesa sangrienta, Los poseídos entre lilas* y *La bucanera de Pernambuco o Hilda la polígrafa*) alguna clave para descifrarla, como si fuera posible rescatar, a través de los reversos delirantes y procaces de esa sombra, un mundo más veraz, más vivo. Quería descubrir, se me ocurre, el cuadro debajo del cuadro, entender de qué modo lo obsceno y lo lírico se atraen y repudian en esa suerte de libre circulación textual que se enseñorea en su obra y hace de toda fuga, paradójicamente, una imposibilidad.

Tuve, en algún punto, la visión de una obra sitiada. Los poemas se me antojaron como esas aldeas medievales que expulsaban la podredumbre a sus extramuros: pequeñas fortalezas protegidas por múltiples hileras de murallas, afuera de las cuales se agolpaba lo indeseado. Nunca la poesía me pareció más sórdida (y vulnerable), puesto que era el anverso de aquello que los muros mantenían a distancia: la sexualidad expuesta como llaga, el pútrido olor de los cadáveres.

Pensé que los textos «malditos» se erguían, frente a ella, como un testigo lúcido (la expresión es de Aldo Pellegrini) pero no se le oponían. Más bien, eran la prueba contundente del famoso *dictum* pizarnikiano de que «cada palabra dice lo que dice y además más y otra cosa». Como quien crea para sí múltiples nichos literarios, Pizarnik agregaba ahora nuevos personajes a su colección de heroínas, niñas monstruo y *bêtes noires*: Erzsébet, Seg, Hilda la polígrafa, como versiones degradadas de «la náufraga» o «la que murió de

su vestido azul». No solo eso: de pronto, su escritura parecía una geografía girando hacia el afuera de sí misma para abismarse en lo que no se ve, lo que se ignora o calla por razones de buen gusto o buenos modales, contaminándolo todo de estallidos vulgares y de insidias. El efecto era de extrañamiento radical y me pareció entender que el objetivo de la transgresión no era simplemente profanar, parodiar, agobiar la intertextualidad, sino, con todo eso, escenificar el proyecto siempre irrealizable de la significación: recordar que, como dijo Sarduy, el deseo de la poesía es siempre un deseo por antonomasia, en el vacío y ciego, para hacer surgir lo imposible: el festín del significado.

Vista desde hoy, esta imagen de los textos de sombra como cinturón fantasmal no me parece del todo infeliz. De algún modo sugiere la ambivalencia de un sistema de reversos donde los parentescos y armonías son más frecuentes que inesperados. «La obscenidad no existe. Existe la herida», exclama Seg, un poco ofendida, en *Los poseídos entre lilas.* Yo agrego: esa herida es precisa como un mecanismo de relojería, se repite a lo largo de la obra, con la monotonía obsesiva de una cajita musical donde resuenan pequeñas palabras desesperadas. En el mundo pizarnikiano, diría Octavio Paz, «todo es espejo»: el derrumbe lingüístico de *La bucanera de Pernambuco* coincide con el silenciamiento final de Erzsébet Báthory que se parece a la «reina loca» a quien le arrojan piedras cuando camina «en el interior de los cantos»; la morada negra de *La condesa sangrienta* duplica el teatro claustrofóbico de *Los poseídos entre lilas,* y anticipa el «infierno musical» de *Extracción de la piedra de locura*; la muchacha que muere abrazada por la Autómata de Hierro es una réplica de su Asesina, que es una réplica de la Condesa, que es una réplica de la autora, que es una réplica de Valentine Penrose y así, *ad infinitum.*

«Tú querías una escritura total, sin límites, un naufragio en tus propias aguas, oh, avara», escribió Pizarnik en *Extracción de la piedra de locura.* Su obra se despeña por ese borde filoso.

Va del lenguaje concebido como opción simbólica a un aquelarre semiótico. Vale decir: del lirismo al barroco, del sufrimiento al crimen. Y después se queda a la intemperie, en esos paisajes sedientos donde ha estado siempre, sin moverse, el centro inubicable del poema, apurado por encontrar la cicatriz, para hacerla más roja, más estable.

La casa de la poesía es de una contundencia absoluta y desoladora.

Manuel Puig, la libertad del marginal

Por Elsa Drucaroff

Manuel Puig (General Villegas, 1932-Cuernavaca, 1990). Novelista. A través de su afición por el cine y el uso paródico del habla coloquial, creó una singular obra literaria. Fascinado por la industria del séptimo arte, se vinculó en Buenos Aires a las vanguardias artísticas; marchó a Italia a estudiar cine y luego a Nueva York. Adquirió relevancia mundial por sus novelas *Boquitas pintadas* (1969), *El beso de la mujer araña* (1976) y *Pubis angelical* (1979). Murió por falta de atención médica adecuada y dejó inconclusa su novela *Humedad relativa: 95 %*. Su obra constituye uno de los experimentos más logrados de acercar la cultura popular a la literatura.

Elsa Drucaroff (Buenos Aires, 1957). Escritora, crítica y docente. Escribió las novelas *La patria de las mujeres, Conspiración contra Güemes, El infierno prometido, El último caso de Rodolfo Walsh*, y los libros de relatos *Leyenda erótica y Checkpoint*, su última obra publicada. Ensayos críticos: *Mijail Bajtín. La guerra de las culturas; Arlt, profeta del miedo; Los prisioneros de la torre. Política, jóvenes, literatura; Otro logos. Signos, discursos, política* y dirigió *La narración gana la partida, Historia Crítica de la Literatura Argentina*, vol. XI. Publicó más de un centenar de artículos literarios en revistas académicas y masivas. Investiga y enseña literatura argentina contemporánea y teoría y crítica literarias en la Facultad de Filosofía y Letras de la Universidad de Buenos Aires. Ha sido traducida y editada en el extranjero y ha dado cursos y charlas en universidades latinoamericanas, europeas y norteamericanas.

En un pueblo perdido en la pampa argentina donde reinan la mediocridad, la mezquindad y el tedio, nace un varón que desde niño se sabe diferente: es sensible pero la sensibilidad está mal vista, siente distinto de lo que le dicen que tiene que sentir. Sabe que la realidad que lo rodea es horrorosa y él no puede ni quiere ser como le piden. Está fuera de lugar en ese pueblo pero cualquier ciudad prometedora queda lejos. Sin embargo, cerca de su casa hay un cine. Manuel Puig va a descubrir allí que hay un refugio para el páramo del mundo: la ficción.

La literatura no es un lenguaje «superior», no es «alta cultura», está a la más intensa altura de la vida aunque la academia o la crítica

a veces la guarden en un estante alto para que la mayoría desista de alcanzarla. Pero Puig no entra a la literatura aprendiendo a ponerse en puntas de pie para llegar, entra por la accesible puerta del cine de su pueblo, fascinándose con divas de Hollywood y del cine argentino de la década de 1940. Y ya adulto, cuando reemplaza su deseo de hacer cine por el de escribir novelas, no lo hace para pasar a algo más elevado. Con igual falta de esnobismo con que había incursionado en la cultura de masas se lanza a la literatura.

«Yo no decidí pasar del cine a la novela. Estaba planeando una escena del guion en que la voz en *off* de una tía mía introducía la acción. Esa voz tenía que ser de unas tres líneas de duración y siguió sin parar unas treinta páginas, no hubo modo de hacerla callar. Ella solo tenía banalidades para contar, pero me pareció que la acumulación de banalidades daba un significado especial a la exposición. Este asunto de las treinta páginas de banalidades sucedió un día de marzo de 1962, y yo tampoco me he podido callar desde entonces, he seguido con mis banalidades, no quise ser menos que mi tía».

Qué lejos está este relato de iniciación literaria de la solemnidad frecuente en los escritores. Acá vibra la libertad del marginal, del que, habituado a la burla y el desprecio, elige con firmeza y sin aspavientos que igual será fiel a su deseo como artista. El cine le ha legado el sonido de la voz, Puig escribirá para entender el dolor de las tías pueblerinas pero seguirá calzándose los zapatos de mujeres que, bajo vestuarios más glamorosos (una célebre artista plástica, una exiliada política, una profesional), sufren la misma opresión. Y mientras las escuche hablar se va a pensar él mismo, su deseo sexual a contrapelo del patriarcado imperante, el patriarcado imperante también entre militantes socialistas que creen estar contra el sistema pero lo reproducen.

La Argentina políticamente febril de las décadas de 1960 y 1970 llama frívolo a Puig pero él no cambia el rumbo. Según Bajtín, Rabelais hizo entrar a la literatura las voces nunca antes escritas de los vendedores de ferias populares del Renacimiento; Puig hace entrar otras voces despreciadas y escucha en ellas su profundo dolor, su sabiduría.

Mucha crítica leyó como pura parodia su maestría en captar voces. Disiento: hay parodia pero además respeto, la convicción de que saben. Mediocres temerosos, varones forzados a demostrar que lo son, mujeres convencidas de que sin amor no valen tienen razones tan profundas como el militante que se cree iluminado, el asesino homofóbico o las viejas que, mientras chismorrean, festejan como nadie la hermosura de la vida.

«Creé un estilo con los desechos, con la basura que arrojaba la gente culta; con la sobra que dejaba la *intelligentsia* argentina. Con el mal gusto que ellos despreciaban y pensaban inútil le di peso a mi lenguaje».

Puig hizo su obra con lo que no se veía y hoy se ve. Por eso está tan viva.

Hebe Uhart, la máquina de producir asombro

Por Valeria Correa Fiz

....

Hebe Uhart (Moreno, 1936-Buenos Aires, 2018). Docente y escritora. Desconocida durante gran parte de su vida, las primeras obras de Uhart salieron en editoriales pequeñas, pero más tarde obtuvo reconocimiento con la publicación de sus *Relatos reunidos* (2010), llegando inclusive a hacerse traducciones de sus libros a otros idiomas. Estudió Filosofía en la Universidad de Buenos Aires, y colaboró además con el suplemento cultural del diario *El País* de Montevideo. En 2017 ganó el Premio Iberoamericano de Narrativa Manuel Rojas.

Valeria Correa Fiz (Argentina, 1971). Autora del libro de relatos *La condición animal* (Páginas de Espuma, 2016), seleccionado para el IV Premio Hispanoamericano de Cuento «Gabriel García Márquez» y finalista del Premio Setenil 2017, y de los poemarios *El álbum oscuro*, I Premio de Poesía «Manuel del Cabral», 2016, *El invierno a deshoras* (Hiperión, 2017), XI Premio Internacional de Poesía «Claudio Rodríguez», y *Museo de pérdidas* (Ediciones La Palma, 2020). Algunos de sus relatos han sido traducidos al inglés, italiano, rumano y hebreo.

....

De Hebe Uhart fascinan su tono de aparente ingenuidad y el ejercicio del asombro permanente, propios de una niña o de un marciano,

que la dotaron de una voz inimitable. Con Uhart, el lector aprende a mirar de nuevo el mundo con la penetración que aconseja la filosofía. Su literatura nos restituye el aprecio por las cosas sencillas («Yo quería hacer un budín esponjoso. No quería hacer galletitas porque les falta la tercera dimensión»), la especificidad de las personas («se conoce mucho más íntimamente a las personas por las onomatopeyas o por el modo de estornudar que por las más variadas ideas que puedan sustentar») y el amor por el lenguaje en todas sus dimensiones. En sus textos, destacan la oralidad (sus trenes van «turututeando» y las estrellas «loquean» en el cielo sin parar), los modismos (rescata, por ejemplo, el «da más vueltas que un perro para sentarse», para referirse a una persona complicada) y regionalismos («Van para cinco puestas de halcón que nos conocemos»).

Filósofa, docente, viajera incansable, portadora de un humor desopilante («Mi hija. Es un poco menos estrábica que Sartre») y admiradora de los animales («Cuando estaba confusa, miraba cómo mi gato me percibía y sabía qué me pasaba a mí»), escribió una veintena de libros. En la última etapa de su carrera, viró de la ficción a la crónica porque le pareció una forma de renovación que le permitía seguir capturando lo que más le interesaba: la vida, que «se da en los pequeños detalles».

En su último texto, *Yendo de la cama a casa*, retrata la vida hospitalaria con sus rutinas y sus eternos tiempos de espera así: «Me hace acordar ese mundo al de la sibila Cumana y el brujo Titonio, parece que pidieron a los dioses larga vida pero se olvidaron de pedir eterna juventud. Entonces cada uno da vueltas cortas alrededor de sí mismos, haciendo siempre las mismas pavadas». Como puede leerse, ni siquiera la inminencia de la muerte consiguió que perdiera el asombro, el desparpajo ni el humor que la caracterizaban.

Rodolfo Walsh, no hay un final

Por Leila Guerriero

Rodolfo Walsh (Lamarque, 1927-Buenos Aires, 1977). Narrador y periodista. Destacó como singular cultivador del género policiaco. Vinculado al sindicalismo de izquierda, tras el golpe de Estado de Jorge Videla en 1976 hizo pública la «Carta abierta de un escritor a la Junta Militar». En 1977 fue secuestrado y presumiblemente asesinado, aunque nunca se encontró su cadáver. Fue uno de los narradores más sólidos y dotados de la segunda mitad del siglo XX en Argentina.

Leila Guerriero (Argentina, 1967). Periodista. Su trabajo se publica en diversos medios de Latinoamérica y Europa: *La Nación* y *Rolling Stone*, de Argentina; *El País*, de España; *Gatopardo*, de México. Es autora de los libros *Los suicidas del fin del mundo*, *Frutos extraños*, *Plano americano*, *Una historia sencilla*, *Zona de obras*, *Opus Gelber*, *Teoría de la gravedad*. Su obra ha sido traducida al inglés, al francés, al alemán, al portugués, al italiano y al polaco.

Hay un principio —nació en Lamarque, provincia de Río Negro, Argentina, el 9 de enero de 1927—, pero no hay un final: el 25 de marzo de 1977, con el país bajo la dictadura militar que había tomado el poder el año anterior, Rodolfo Walsh despachó por correo a diarios y revistas un texto en el que había trabajado durante meses —«Carta abierta a la Junta Militar»—, en el que decía, entre otras cosas: «Quince mil desaparecidos, diez mil presos, cuatro mil muertos, decenas de miles de desterrados son la cifra desnuda de ese terror. Colmadas las cárceles ordinarias, crearon ustedes en las principales guarniciones del país virtuales campos de concentración». Después, se dirigió a una cita clandestina con un compañero del grupo Montoneros, una organización armada de izquierda a la que pertenecía con el cargo de oficial primero, pero fue emboscado por un grupo de tareas de la Armada y todas las versiones señalan que lo mataron ahí mismo. Su cuerpo nunca apareció.

Hay un principio, no hay un final, y lo que hubo entre una cosa y otra fue una mutación extraordinaria: un hombre que en 1955, a los veintiocho, era escritor de cuentos policiales, traductor del inglés, exmilitante de la Alianza Libertadora Nacionalista (una agrupación de derecha), partidario de la Revolución Libertadora (una coalición cívico-militar que había derrocado a Perón), y que un año después era exactamente lo contrario. Esa mutación fue causada por la misma materia de la cual estaba hecho: palabras.

El 9 de junio de 1956, militares partidarios de Perón intentaron un levantamiento contra el Gobierno, que fue desbaratado. El Estado fusiló a muchos de los insurrectos, entre ellos a un grupo de civiles reunidos en un departamento, la mayoría de ellos con el único fin de ver una pelea de boxeo. El fusilamiento se llevó a cabo en un basural de la localidad de José León Suárez. Cinco murieron, siete lograron escapar. A seis meses de esos hechos, Rodolfo Walsh estaba en un bar con un amigo que murmuró la frase que lo cambió

todo: «Hay un fusilado que vive». Tres días más tarde, Walsh se encontró con el sobreviviente, Juan Carlos Livraga, y ya no se detuvo: dejó su casa, consiguió cédula falsa y un revólver y, ayudado por una periodista joven llamada Enriqueta Muñiz, encontró a los siete. Con el resultado de su investigación edificó una pieza narrativa llamada *Operación Masacre*, que primero se publicó en fragmentos y luego, en 1957, como libro. Reconstruyó los hechos comenzando por el momento previo a la masacre («Nicolás Carranza no era un hombre feliz esa noche del 9 de junio de 1956. Al amparo de las sombras acababa de entrar en su casa, y es posible que algo lo mordiera por dentro»), presentó a los protagonistas ignorantes del mecanismo exterminador que ya se ha puesto en marcha y, sobre esa falsa placidez, narró la masacre. Ocho años antes de que se publicara *A sangre fría*, de Truman Capote, el libro en el que suele colocarse el kilómetro cero de una nueva narrativa de no ficción, Walsh, sin experiencia, sin referentes, de manera clandestina, enfrentando riesgos inverosímiles para un hombre como él (un traductor, un escritor de cuentos policiales), escribió una obra magna. Si solo hubiera escrito eso, y nada antes, y nada después, ya hubiera sido grande: tenía treinta años, era un investigador astuto, su caja de herramientas rebosaba de técnicas maduras y perfidia narrativa, y dominaba un estilo que tenía, en su parquedad, toda su potencia. Pero hubo, todavía, veinte años más de vida y de escritura (eran lo mismo). Después de aquel viraje descomunal originado por una partícula literaria —una frase—, ya no hubo más virajes sino, al contrario, el perfeccionamiento de una línea acerada, sin desvíos. Como un guerrero que afila su hacha, escribió otros libros periodísticos (*El caso Satanowsky*, en 1958; *¿Quién mató a Rosendo?*, en 1969), y artículos extraordinarios en la revista *Panorama*; publicó dos volúmenes de cuentos —*Los oficios terrestres* (1965) y *Un kilo de oro* (1967)—, con algunos de los relatos que se consideran los mejores de la literatura argentina («Esa mujer», «Cartas», «Nota al pie»). Dirigió el diario *La CGT de los Argentinos*, fue uno de los fundadores de la agencia de noticias Prensa Latina, empezó a militar en las Fuerzas Armadas Peronistas, y en 1973 entró en la organización Montoneros, donde fundó el diario *Noticias* y organizó la Agencia Clandestina de

Noticias. Pulió hasta los goznes cada partícula de su escritura, incluso de sus diarios y sus textos políticos. En sus papeles personales escribió: «Durante cinco meses he vivido para mantener lo que se podía mantener de la CGT; no he escrito casi una línea para mí; no he ganado un peso para mí; he ambulado de un lado a otro; no he cuidado mi salud; no me he tomado un fin de semana (…). Ahora hay que vivir de una forma más racional, pensando que todo esto va a durar diez años, veinte años, hasta que uno se muera; y que yo no soy el héroe de la historieta, sino uno más, alguien que pone un poco el hombro todos los días, y cuando es necesario pone algo más que el hombro». Puso algo más que el hombre. Llevaba la escritura en el cuerpo, y puso el cuerpo. El 29 de septiembre de 1976 su hija Vicky, oficial segunda de Montoneros, murió en un enfrentamiento con el ejército. Después de esa muerte, Walsh decidió salir de Buenos Aires y se fue con su compañera de entonces a una casa en la localidad de San Vicente. Allí empezó a trabajar en aquella carta que envió a los medios. Terminaba así: «Estas son las reflexiones que en el primer aniversario de su infausto gobierno he querido hacer llegar a los miembros de esa Junta, sin esperanza de ser escuchado, con la certeza de ser perseguido, pero fiel al compromiso que asumí hace mucho tiempo de dar testimonio en momentos difíciles». Hay un comienzo, pero no hay un final: si su vida cambió por el impacto que produjo una frase, todo lo que vino después —los libros y los artículos y las cartas y los diarios— aún irradia su potencia brutal sobre la literatura. No solo sobre la del país que lo mató.

BOLIVIA

Jaime Sáenz y el camino del conocimiento

Por Edmundo Paz Soldán

Jaime Sáenz (La Paz, 1921-1986). Novelista y poeta cuya obra se desarrolló dentro del movimiento de experimentación individual subsiguiente al posmodernismo, en la segunda mitad del siglo XX. Entre sus obras principales merecen destacarse *El escalpelo* (1955), *Muerte por el tacto* (1957), *Aniversario de una visión* (1960), *Visitante profundo* (1963), *El frío* (1967), *Recorrer esta distancia* (1973) y la recopilación *Obra poética*, publicada en 1975.

Edmundo Paz Soldán (Bolivia, 1967). Ha publicado doce novelas y cinco libros de cuentos, entre ellos *Allá afuera hay monstruos* (2020). Sus libros han sido traducidos a doce idiomas, y ha ganado el Premio Nacional de Bolivia (2002) y el Premio Internacional de Cuento Juan Rulfo (1997). Enseña literatura latinoamericana en la Universidad de Cornell (Estados Unidos). Vive en Ithaca (Nueva York).

La vida de Jaime Sáenz es un inventario de gestos provocativos contra la clase media de la que provenía, contra un tiempo que se le antojaba dominado por la razón, en el que las fuerzas desatadas de la modernidad capitalista intentaban destruir el espíritu de las ciudades, «cifra de muchos misterios». Nacido en La Paz en 1921, Sáenz fue un ser torturado; comenzó a beber a los quince años y a los veinte ya era alcohólico. Dos experiencias con el *delirium tremens* a principios de la década de 1950 lo llevaron al borde de la muerte y lo obligaron a dejar el alcohol y dedicarse plenamente a la escritura. Para Sáenz, el alcohol era un camino de conocimiento que permitía acceder a un grado de conciencia superior, a un estado de revelaciones y una visión más profunda de la realidad. En *La noche* (1984), escribe:

> La experiencia más dolorosa, la más triste y aterradora
> que imaginarse pueda,
> es sin duda la experiencia del alcohol.

[…]
Y tan atroz y temible se muestra, en un recorrido de
espanto y miseria, que uno quisiera quedarse muerto allá.

Una de sus facetas más extrañas es su relación con el nazismo, que
descubrió durante un viaje a Alemania en 1939. Lo fascinaba su
lado místico, su conexión con el irracionalismo alemán. En una pared de su escritorio tenía la foto de Hitler y en una pizarra había
dibujado una esvástica; creía que el nazismo era la última esperanza
para detener el avance del capitalismo (que veía como una conspiración judía). Esa fascinación estaba plagada de contradicciones:
Sáenz utilizaba ideas nacionalsocialistas sobre la importancia de lo
telúrico para aplicarlas a Bolivia y creía que en la potencia de la raza
aymara se encontraba el futuro del país (en su escritorio también
guardaba la foto de un indio aymara gigante).

Le gustaba visitar la morgue, pero su interés era más metafísico
que morboso: ver qué sensaciones físicas experimentaba, enterarse
a qué olían los cadáveres, estaba ligado a su obsesión por comprender-
der qué pasaba con el alma después de la muerte. Paradójicamente
le horrorizaba ser enterrado vivo a la vez que vivía con un profundo
deseo de morir. Llegó a dar instrucciones a un amigo doctor para
que cuando lo enterraran se cerciorara de que estuviera muerto.

Sáenz vivía de noche y dormía de día: ponía cartulinas negras en las ventanas de sus cuartos para que no entrara la luz, gesto que lo emparenta con escritores «malditos» latinoamericanos como Rodrigo Lira y Jorge Barón Biza: la búsqueda de oscuridad, la entrega a la vida nocturna, es un gesto cargado de simbolismo. Cerrar las ventanas no es solamente apagar la luz sino también clausurar el paso a las convenciones que triunfan durante el día: las buenas costumbres, la razón.

Cuidaba mucho su vestir; era alegre, sociable y lleno de ceremonias y supersticiones. Recibía a sus amigos en casa por las noches, y la tertulia se convertía en un profundo viaje metafísico amenizado por su gran sentido del humor. Estudió doctrinas teosóficas, leyó a místicos como Milarepa y llevó a cabo sesiones de magia negra: era un buscador incansable de caminos radicalmente diferentes a la racionalidad imperante. Esa búsqueda se plasmó en una obra que incluye entre sus cumbres poemarios como *Aniversario de una visión* (1960) y novelas como *Felipe Delgado* (1979). Falleció en 1986, ya canonizado con justicia como el escritor boliviano más grande del siglo xx.

Adela Zamudio, escritora contra su tiempo

Por Liliana Colanzi

Adela Zamudio (Cochabamba, 1854-1928). Poeta boliviana. En homenaje y reconocimiento a su labor en pro de la igualdad de género, Bolivia celebra el Día de la Mujer en la fecha de su nacimiento (el 11 de octubre). La constante evocación de su activismo, sin embargo, no ha llegado a oscurecer el valor intrínseco de su obra poética, que se sitúa en la transición del romanticismo al modernismo.

Liliana Colanzi (Bolivia, 1981). Publicó los libros de cuentos *Vacaciones permanentes* (2010) y *Nuestro mundo muerto* (2016). Ganó el premio de literatura Aura Estrada, México, 2015. Fue seleccionada entre los treinta y nueve mejores escritores latinoamericanos menores de cuarenta años por el Hay Festival en 2017.

Pocos autores pueden preciarse de haber causado un terremoto social con un solo poema. Adela Zamudio lo logró en 1903 con «Quo vadis?», un poema publicado en un periódico cochabambino en el que criticaba los lujos y excesos de la Iglesia católica y la hipocresía de los fieles. Los versos inauguraron una serie de disputas públicas

que mantuvo con la sociedad conservadora de su tiempo. Con poco más de veinte años, Zamudio ya publicaba en la prensa sus poemas —deudores de la estética del romanticismo— con el pseudónimo Soledad.

Una de sus peleas epistolares más célebres fue la que mantuvo con fray Francisco Pierini, un sacerdote al que apoyaban las integrantes de la Liga de las Señoras Católicas y que la atacaba aludiendo a su condición de mujer soltera y sin hijos. Adela Zamudio, como directora de la Escuela Fiscal de Señoritas, había eliminado la obligatoriedad de las clases de religión (aunque ella misma siempre se consideró creyente), y la Liga de las Señoras Católicas protestaba porque esta medida amenazaba con formar «una generación de criminales». Es curioso que, en un medio tan masculino, los intelectuales y escritores varones de la época se hubieran puesto del lado de Zamudio en esta y otras polémicas que protagonizó. Probablemente lo hicieron influidos por las ideas liberales que circulaban en esos años, en especial en lo que atañe a la educación laica y el matrimonio civil, dos causas cercanas a Zamudio y también a la agenda de los liberales. Sin embargo, la publicación de sus libros no tuvo la misma resonancia que sus controversias, y los críticos literarios no dejaron de sobreinterpretar o incluso descalificar los escritos de Zamudio a partir de su soltería («Si no hubiera estado tan sola. Si en vez de filosofar sobre el amor, hubiera amado...», especulaba uno). Otros alabaron la supuesta «virilidad» de su poesía.

Sus *Ensayos poéticos* se publicaron en Buenos Aires. A ese volumen pertenece su poema más famoso, «Nacer hombre». Mi madre, que nunca fue una feminista y a quien tampoco le interesaba particularmente la poesía, durante años tuvo enmarcado y colgado en la pared ese poema. Y es que a pesar del tiempo y de las transformaciones sociales que median entre fines del siglo XIX y nuestra época, las mujeres se siguen reconociendo en la verdad de esos versos y en su rabia electrizante: «Ella debe perdonar/ siéndole su esposo infiel;/ pero él se puede vengar./ (Permitidme que me asombre)./ En un caso semejante/ hasta puede matar él,/¡porque es hombre!)». Otra de las estrofas es clave para entender la situación de la mujer como ciudadana de segunda categoría en Bolivia: «Una mujer superior/

en elecciones no vota,/ y vota el pillo peor./ (Permitidme que me asombre)./ Con tal que aprenda a firmar/ puede votar un idiota,/ ¡porque es hombre!». La escritora llegó a ver el establecimiento del matrimonio civil, pero murió veinticuatro años antes de que la Revolución de 1952 ampliara el voto a mujeres e indígenas.

Adela Zamudio publicó una novela y dejó cuentos que aparecieron de manera póstuma, algunos de ellos pioneros del género fantástico. En toda su vida adulta realizó un único viaje: a La Paz, en 1914, para dar un discurso sobre la poesía. Se jubiló de la enseñanza —o más bien la jubilaron— con casi setenta años. Escribió su propio epitafio: «Vuelo a morar en ignorada estrella/libre ya del suplicio de la vida,/ allá os espero; hasta seguir mi huella/ lloradme ausente pero no perdida».

BRASIL

João Guimarães Rosa, la canoa inmóvil en medio del río que no deja de fluir

Por Juan Cárdenas

João Guimarães Rosa (Cordisburgo, 1908-Río de Janeiro, 1967). Médico, escritor y diplomático. Autor de novelas y relatos breves en los que el sertón, vasta región semiárida del nordeste de Brasil, es el marco de la acción. Su obra más influyente es *Gran Sertón: Veredas* (1956). Fue elegido por unanimidad miembro de la Academia Brasileña de Letras en 1963, en su segunda candidatura. No tomó posesión hasta 1967 y falleció tres días más tarde. Su muerte continúa siendo un misterio inexplicable.

Juan Cárdenas (Popayán, 1978) es autor de las novelas *Zumbido* (2010), *Los estratos* (2013), *Ornamento* (2015), *Tú y yo, una novelita rusa* (2016), *El diablo de las provincias* (2017, ganadora del Premio de Narrativa José María Arguedas, otorgado por Casa de las Américas de Cuba en 2019) y *Elástico de sombra* (Sexto Piso, 2019). También ha publicado los volúmenes de relatos *Carreras delictivas* (2008) y *Volver a comer del árbol de la ciencia* (2018).

En una entrevista con la televisión alemana en 1962, el periodista y crítico literario Walter Höllerer le pregunta a João Guimarães Rosa por el misterio exótico de su apellido, impronunciable en Alemania, según el entrevistador. Una suave sonrisa juguetea en los labios del genial escritor brasileño, quien procede a explicar el origen de su apellido. «Es interesante —dice—, porque mi nombre deriva de un parentesco alemán, viene de los suevos, que partieron de aquí y fundaron un reino en el norte de Portugal y Guimarães es el nombre de la capital».

Creo entender que en esta pequeña anécdota se juegan muchas de las claves del monstruoso proyecto literario de Guimarães Rosa: el desplazamiento de los pueblos, las fundaciones, la épica olvidada, las palabras impronunciables que se vuelven familiares en un súbito deslizamiento, la memoria exhumada, las metamorfosis y la anagnórisis.

En ningún caso debería entenderse esta declaración como un intento de reclamar una cierta pertenencia europea, un prestigio metropolitano. Al revés, en la entrevista es el europeo quien se descubre repentinamente convertido en *sudaca*. Es Höllerer, el alemán, quien asiste atónito a una voltereta cultural: su rutinario ejercicio de exotización deviene un enfrentamiento con su propia oscuridad genealógica y el encargado de sujetar el espejo para que mire su nuevo rostro bárbaro es este señor brasileño de aspecto bonachón.

En la misma entrevista, Guimarães Rosa radicaliza la voltereta al afirmar que su descomunal novela, *Gran Sertón: Veredas* (1956), es un «Fausto sertanejo», un Fausto de las planicies de Minas Gerais y los estados colindantes de Goiás y Bahía.

Este detalle apunta a otro hecho fundamental y es que para el autor mineiro la cultura universal de los pueblos no se organiza de manera jerárquica, de acuerdo a coyunturas geopolíticas de actualidad. Su proyecto narrativo se instala justamente en el entendido de que el modernismo de las técnicas literarias, el monólogo interior de un *jagunço*, por ejemplo, constituye en sí mismo una crisis de la temporalidad cuyo escenario es el lenguaje. Así, en su elaboradísimo idioma, tanto en su obra más conocida, el *Gran Sertón*, como en sus relatos, confluyen referencias grecolatinas, vocablos provenientes del tupí-guaraní, arcaísmos lusitanos o préstamos de lenguas africanas. Lo que alcanza para ofrecer un atisbo de esa simultaneidad de tiempos: ni diacronía ni sincronía. La lengua de Guimarães describe un estado de anacronía, donde, en efecto, Fausto puede ser un guerrero paramilitar del siglo XIX al servicio de los caudillos feudales del *sertón*. El tiempo de Guimarães está fuera de quicio.

Esta noción compleja de la historia y de las operaciones que la literatura ejerce sobre la lengua de una época, creo yo, aleja por completo a este formidable escritor de la mayoría de sus colegas del *boom* latinoamericano, deudores de la escatología de Faulkner. En ese sentido, autores como García Márquez, Donoso, Fuentes o Vargas Llosa ven la historia como una fatalidad derivada de los oscuros atavismos familiares (y por tanto conciben el proyecto de la república como un fracaso anticipado y hasta necesario). Guimarães, con su capacidad para revelar las simultaneidades, pero también los hiatos, lo discontinuo, lo singular, la canoa fantasmal e inmóvil en medio del río que no deja de correr, pulveriza cualquier escatología unívoca y sitúa sus historias mucho más allá de ese fatalismo congénito que, todavía hoy, es la marca de fábrica que garantiza el éxito de la novela latinoamericana en el mundo.

Sus novelas, cuentos, poemas y textos periodísticos son, sin duda, uno de los grandes tesoros de la cultura latinoamericana de todos los tiempos.

Clarice Lispector, nombre y mujer

Por Florencia del Campo

Clarice Lispector (Chechelnik, 1920-Río de Janeiro, 1977). Periodista, reportera, traductora y escritora de novelas, cuentos, libros infantiles y poemas. Es considerada una de las escritoras brasileñas más importantes del siglo XX. Perteneció a la tercera fase del modernismo, de la generación del 45 brasileña. Son notables las novelas *Cerca del corazón salvaje* (1944), *La pasión según G. H.* (1964) y *La hora de la estrella* (1977), así como los relatos de *Lazos de familia* (1960).

Florencia del Campo (Buenos Aires, 1982). Desde el año 2013 vive en Madrid. Es editora por la Facultad de Filosofía y Letras (Universidad de Buenos Aires) y cursó, además, estudios en Letras y Cine. Con su última novela, *La versión extranjera* (Pretextos, 2019), resultó ganadora del L Premio Internacional de Novela Ciudad de Barbastro. *Mis hijas ajenas* (Sloper, 2020) es su último libro publicado.

Clarice Lispector es esa autora que dijo que escribir es una maldición que salva. Quizá pueda pensarse también que escribir salva porque *distraídamente nombra*.

Aunque Lispector desarrolló parte de su producción literaria en la década de 1960 (*La pasión según G.H.* y *Aprendizaje o el libro de los placeres*, por ejemplo), es decir, en los mismos años que García

Márquez publicaba *Cien años de soledad* o Cortázar *Rayuela*, no tuvo ninguna chance de formar parte del *boom* latinoamericano muy probablemente por dos razones por encima de las demás: por la carga filosófica y subjetiva de sus obras, y por ser mujer.

Nació en Ucrania, hija de matrimonio judío, y llegó a Brasil de bebé: su familia se exilia en 1920 cuando ella apenas tiene meses de vida. Ya en Brasil, todos los miembros de la familia adoptan nombres portugueses. El suyo era Chaya, pero pasó a ser Clarice. ¿Cómo se hace para volver a nombrar lo que se era?

En ese país sudamericano viven en Maceió, en Recife, y en Río de Janeiro. De adulta viaja a Europa justo antes de la II Guerra Mundial. Pasa allí cinco años y, casada (con un diplomático), se traslada a Estados Unidos con su marido. Regresa a Río cuando se separa.

Esta breve biografía obliga a reconsiderar el tema de la identidad. Las mujeres de los textos de Clarice son mujeres que están en lucha con su identidad. Muchas veces tienen nombre, y ese proceso de nominalización alcanza su punto más álgido en una operación de subjetivación. Pero no es para nombrar absolutamente, no es el nombre inequívoco, porque el nombre podía ser otro. Es, en cambio, el cuestionamiento sobre la identidad de la mujer.

Lispector escribió también libros infantiles y se consideraba a sí misma muy maternal. Tuvo dos hijos. Este otro dato biográfico tampoco es menor, sino que tiene que ver con otra de las circunstancias que se relacionan con la autora que fue: escribió bajo las normas sociales más comunes del momento, es decir, aquellas que establecían labores domésticas y de crianza para la mujer mientras asignaban al hombre «los asuntos importantes». Una mano en el niño, la otra en la máquina de escribir.

Escritora de los márgenes, Clarice eleva a la mujer —la mujer extranjera, la mujer sola, la mujer y sus circunstancias de clase, la mujer madre y la mujer política, pero sobre todo, la mujer-cuerpo-con-nombre— al universo de su obra. Y desde allí se erige una poética de la marginalidad, de la minoría, del desplazamiento y de la oscuridad. Es como si en un pacto con el psicoanálisis pudiéramos leerla bajo el prisma de la mujer que «no existe» porque existen estos personajes de Clarice con nombre.

Fabio Morábito dice que Kafka se aferra a un nombre como un náufrago a una tabla. La literatura de Lispector nos dice que entre Chaya y Clarice se abre la grieta de todo un género (¿literario o de identidad sexual, es decir, «mujer»?) que siempre está fuera-de-lugar. Lo femenino como una forma también de *extranjeridad*.

«Entonces, escribir es el modo de quien tiene la palabra como carnaza: la palabra pescando lo que no es palabra. Cuando esa no-palabra (la entrelínea) muerde el anzuelo, algo se escribió. Una vez que se pescó la entrelínea, con alivio se podrá arrojar la palabra

afuera. Pero cesa la analogía: la no-palabra, al morder el anzuelo, la incorporó. Lo que entonces salva es escribir distraídamente».
Agua viva (Siruela, Madrid, 2018)

Hizo falta que pasara tiempo, mucho tiempo, para que cierta justicia comenzara a operar sobre la producción literaria de Clarice Lispector. Hay que leerla porque es esa clase de literatura que solo puede *nombrar* desde la aceptación de que el lenguaje también hace agua y justo ahí, en esa maldición o naufragio, aparece, como quien lo hace distraídamente, la literatura que salva.

LAS MUJERES DEL *BOOM*

Ana Gallego Cuiñas*

Cuando decimos mujeres del *boom* inmediatamente pensamos en todas las escritoras que injustamente quedaron excluidas de la década dorada, la de 1960, de la literatura latinoamericana, la de su consagración internacional e ingreso en el mercado global. Es innegable que las narrativas de Elena Garro, Rosario Castellanos, Estela dos Santos, Elena Poniatowska o Clarice Lispector están a la altura estética y política de sus pares masculinos: García Márquez, Vargas Llosa, Cortázar, Donoso y Fuentes. Las causas de su exclusión las podemos imaginar: las mujeres, en el contexto de esa época, ni se veían, ni se leían ni vendían. Es decir, las mujeres no hacían *boom*.

Pero además hay otras mujeres detrás de este fenómeno, sin cuya presencia no hubiera sido posible la explosión simultánea de jaguares, magas, mariposas amarillas, auras y pájaros obscenos en las letras de América Latina. Me refiero a las esposas de los escritores, las que se encargaban no solo de los cuidados, sino de las economías domésticas, literarias y afectivas. A Mercedes Barcha, la mujer de García Márquez, la llamaban la Gaba, y era la que le conseguía dinero a su marido, empeñando coches y joyas, para que pudiera acabar *Cien años de soledad*. Patricia Llosa era la secretaria de Mario, la que le organizaba la agenda, los viajes y su mismísima vida. A eso consagró la suya propia, hasta el punto de que Vargas Llosa no pudo no mencionarla en la entrega del Premio Nobel: «[Patricia] Resuelve los problemas, administra la economía, pone en orden el caos, mantiene a raya a los periodistas y a los intrusos: defiende mi

* biografía en la página 189.

tiempo». Es un agradecimiento más burocrático que sentimental, aunque más tarde enfatizó su labor de cuidadora: ella era quien lo calmaba en «sus manías, nervios y rabietas». Al menos Patricia apareció en el discurso del Nobel: Mercedes ni eso. Luego tenemos a María Pilar Serrano, la mujer de Donoso, que también era escritora pero que siempre estuvo a la sombra de su marido y de sus altibajos emocionales, hasta que publicó *El boom doméstico* y *Nosotros los de entonces*, donde cuenta el costado íntimo de los integrantes, hombres y mujeres, del *boom*.

Las más emancipadas han sido las esposas de Carlos Fuentes: primero Rita Macedo, productora y actriz, y, después Silvia Lemus, periodista y presentadora de televisión. Y las de Cortázar: primero

Aurora Bernárdez, traductora y escritora, «único intelecto femenino» que merecía respeto, según Vargas Llosa (Gabo directamente no soportaba a las mujeres intelectuales); y después Carol Dunlop, también traductora y fotógrafa.

Aunque la gran mujer del *boom* es, sin duda, la agente literaria de todos ellos: Carmen Balcells. La llamaban «mamá grande» y fue la mediadora y gestora de la economía autoral de los escritores latinoamericanos más importantes de la segunda mitad del siglo XX. En 1969 le escribió una carta a Vargas Llosa conminándole a dejar la enseñanza universitaria para dedicarse de lleno al oficio literario: lo mantendrían ella o Carlos Barral porque estaba segura de que triunfaría como escritor. Su buen olfato era tal que contactó de inmediato con García Márquez la primera vez que lo leyó, fascinada, para procurarle los mejores contratos y traducciones. Por su parte, Gabo se quedó maravillado de su enorme capacidad de negocio cuando la conoció y firmó con ella, medio en broma, un contrato autorizándola a representarlo en todos los idiomas durante ciento cincuenta años. También por ella se mudaron Gabo y Mario a Barcelona.

En 2010 Balcells vendió sus «papeles» (cartas, pruebas corregidas de escritores, anticipos, etc.) al Ministerio de Cultura de España por tres millones de euros. Cerrados al público, esos codiciados documentos cristalizan la íntima relación entre literatura y mercado. La que ella misma encarnaba. Por eso le han atribuido adjetivos como «pesetera», «visionaria», «manipuladora» o «ambiciosa», aunque lo que hizo fue defender los derechos (intelectuales) de sus autores y profesionalizarlos para que ellos, y ella, pudieran vivir de la escritura literaria. Algo que ahora se antoja casi como un milagro de hada madrina. Donoso dijo que en sus manos tenía las cuerdas que los hacía bailar «como marionetas», dando a entender que los manejaba como quería. Sin embargo, lo único que hizo fue comportarse como una extraordinaria empresaria, una mujer fuerte, con poder, aguerrida: de armas y letras tomar. Parece poco probable que el *boom* hubiera llegado tan lejos sin su gestión. Como tampoco lo hubiera hecho sin las otras mujeres: las madres, las esposas y las olvidadas.

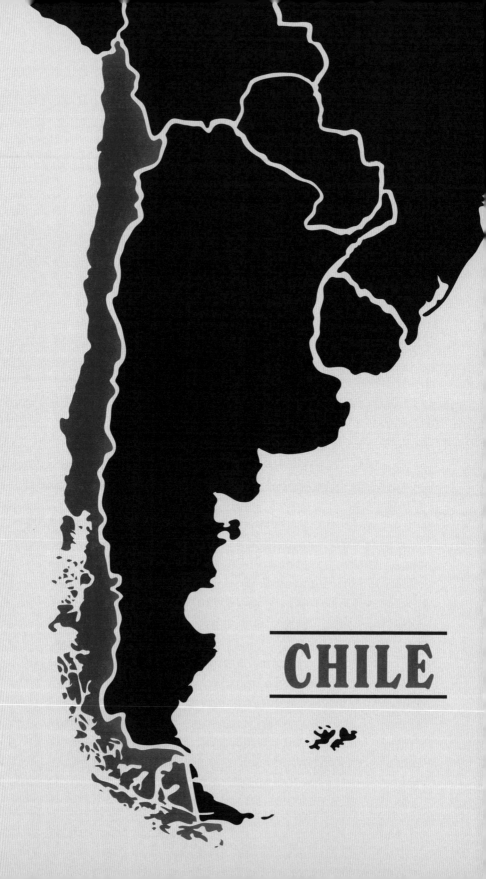

CHILE

Roberto Bolaño, el don de la desesperación

Por Andrés Neuman

Roberto Bolaño (Santiago, 1953-Barcelona, 2003). Escritor chileno afincado en España desde finales de la década de 1970. Autor de extraordinario talento, forzó los límites de la literatura en una serie de novelas con las que se consagró como una de las voces más importantes y personales de la narrativa latinoamericana. En solo una década, en una suerte de carrera contra la adversidad, Bolaño dejó atrás la marginalidad y «se convirtió en un cuentista y novelista central, quizás el más destacado de su generación, sin duda el más original y el más infrecuente», en palabras del también escritor chileno Jorge Edwards.

Andrés Neuman (Buenos Aires, 1977). Hijo de músicos argentinos exiliados, se trasladó con su familia a Granada, en cuya universidad fue profesor de Literatura Latinoamericana. Es autor de novelas como *Bariloche, El viajero del siglo, Hablar solos* o *Fractura*; libros de cuentos como *Alumbramiento* o *Hacerse el muerto*; el diccionario satírico *Barbarismos*; y de poemarios como *Mística abajo, No sé por qué, Patio de locos* o *Vivir de oído*. Recibió el Premio de la Crítica, el Premio Hiperión de Poesía, el Premio Alfaguara de Novela y el Firecracker Award, otorgado por la comunidad de revistas, editoriales independientes y librerías de Estados Unidos. Sus libros están traducidos a más de veinte lenguas. Su título más reciente es un tratado heterodoxo sobre el cuerpo, *Anatomía sensible*.

Más allá de las leyendas que emborronan sus contornos, la devoción por Bolaño tiene sólidas razones literarias. Fue capaz de sumarle carne a Borges, política a Wilcock, estructura a Parra. Ahora bien, si tuviera que destacar uno solo de sus dones, creo que elegiría la desesperación. Bolaño no contaba historias: las necesitaba. Su escritura tiene una cualidad agónica y por eso nos conmueve tanto, sin importar si habla de crímenes o enciclopedias, de sexo o metonimias. Su gran acierto consistió en proponer una metaliteratura visceral, una ficción emotiva sobre el propio fenómeno literario. Nada consta como mero dato en el culturalismo de Bolaño, todo está en estertor.

A causa de su salud, pasó un tercio de su vida como un moribundo que se despedía en secreto. Caminando de espaldas y alejándose lentamente, como Ulises Lima dice en *Los detectives salvajes* que se avanza hacia lo desconocido. También escribió así, con la furia de las últimas oportunidades. Con la melancolía vitalista de los enfermos graves. Siento que eso es lo que deberíamos hacer siempre, escribir como moribundos momentáneamente sanos.

Cuando un Bolaño joven y enfermo se apresuró a reunir los poemas de *La universidad desconocida* para su presunta publicación póstuma, no imaginaba cuántos años y libros le quedaban aún por delante. Si se hubiera ido entonces, quizás hoy no estaríamos leyéndolo. Durante la siguiente década de supervivencia, en titánica carrera contra su propio tiempo, le regaló a la eternidad un puñado de obras maestras. Prodigio que nos deja una enseñanza acerca del poder de lo efímero.

Apenas lo traté durante un par de años. Sin embargo, o por eso, demoro cada instante de esa breve amistad como quien repasara un manuscrito incompleto. Recuerdo la agotadora partida de ajedrez que jugamos en su casa de Blanes, y el estridente *rock* protesta mexicano que sonaba de fondo, cuya letra Bolaño se encargaba de aullar. Durante la partida se levantaba una y otra vez de su asiento, rasgaba una guitarra imaginaria y me llenaba el vaso de *whisky*, sin permitirse probar ni un sorbo.

Recuerdo también su estudio, que estaba justo enfrente de su vivienda —inesperadamente limpia, metódica y ordenada— y que funcionaba como antítesis diaria: esa guarida mohosa, llena de cajas y casi desprovista de muebles, en la que trabajaba frente a una computadora 486 que ya por entonces resultaba jurásica.

Atrincherado en ese estudio cada noche, Bolaño seguía un riguroso horario de vampiro. Las madrugadas en vela le proporcionaban un desfase alucinado con el mundo, sensación fielmente descrita en un cuento de *Llamadas telefónicas*: «lo único que hacía era escribir y dar largos paseos que comenzaban a las siete de la tarde, tras despertar, momento en el cual mi cuerpo experimentaba algo semejante al jet-lag, una sensación de estar y no estar, de distancia con respecto a lo que me rodeaba, de indefinida fragilidad». Fragilidad, distancia y vagabundeo que sobrevuelan toda su escritura, como un don que nunca duerme.

Marta Brunet, casi ciega y visionaria

Por Lina Meruane

Marta Brunet (Chillán, 1897-Montevideo, 1967). Escritora, diplomática y periodista. Vinculada a la corriente criollista, su producción como narradora reviste gran importancia en las letras nacionales. Su niñez transcurrió en el campo, ambiente que luego reflejó en su obra. Estudió en Victoria, y en 1911 viajó a Europa y a otros países americanos. Retornó a Chillán en 1919 y comenzó a publicar poesías y cuentos en el diario *La Discusión*.

Lina Meruane (Chile 1970). Escritora y docente. Su obra de ficción incluye dos libros de cuentos y cinco novelas; entre ellas *Fruta podrida*, *Sangre en el ojo* y *Sistema nervioso* componen su trilogía de la enfermedad. Entre sus libros de no ficción se cuentan los ensayos *Viajes virales* y *Zona ciega*, así como la crónica *Volverse Palestina*, el ensayo lírico *Palestina por ejemplo*, y la diatriba *Contra los hijos*.

Usaría sus ojos debilitados —azules o verdes o grises, nadie se ponía de acuerdo— para observar las variadas vidas de las mujeres. No sin esfuerzo, pese al favor de dos grandes cristales posados sobre la nariz, Marta Brunet fue amontonando mujeres en sus páginas como si organizara un repertorio de seres extraños, hasta entonces nunca

vistos. Y es que no solo se propuso mirarlas, las exhibió sin excesiva benevolencia ni tampoco inquina, encontrando en ellas la complejidad y la contradicción que producen personajes en la literatura. En su obra temprana comparecen las mujeres del recóndito sur rural de Chile donde Brunet pasó su infancia: la silente criada campesina y la que ríe a carcajadas pese a la adversidad y la bruja que ciega hombres con su mal de ojos e igualmente una niña (como fue ella) criada en un latifundio por mujeres tradicionales a la que todos consideran «rara» porque le obsesionan las narices voluminosas y finas y feas o lisas hasta que descubre lo que ella es: una artista. Brunet tenía (en el decir de su contemporánea, Gabriela Mistral) un «ojo precioso» para la descripción que no perdió mientras escribía por más que estuviera perdiendo la vista. A los cuarenta años sus dedos memorizaron las teclas de su máquina y con ellas se fue deslizando Marta desde el costumbrismo *criollista* de los primeros años en Chile a una prosa *interior*, urbana y moderna, posiblemente inspirada por el largo período que pasó como agregada consular en Argentina. En esos años de creciente ceguera escribió una entre muchas magníficas novelas, *María Nadie*, sobre una «María anónima, una María entre mil Marías», una mujer que declara que estudiar «largas carreras», como medicina o leyes, «no era posible». Lo pone Marta en boca de su protagonista porque aunque la universidad ya les iba haciendo espacio a las chilenas en sus salones, les imponía, asimismo, reducidas cuotas de ingreso e infinidad de cortapisas. María López decide (como Marta) no casarse, vivir sola, trabajar para ser económicamente independiente pero se gana la maledicencia del pueblo donde se refugia. Marta afina los ojos velados por sus precoces cataratas sobre esas mujeres que, como ella, hacen de las suyas: la que no fue madre, la que tuvo hijos fuera del matrimonio, la que parió a más de los que quiso. Y la desvalida y posesiva madre de un solo hijo homosexual (acaso el primero de la literatura chilena) en su última novela, *Amasijo*. Viven en su obra la mujer que se cela de su hermana actriz por más de un motivo y la que relata su roce con la muerte pero es desacreditada como histérica. Y la escritora atacada por un crítico al que ella (la protagonista) seduce y doblega. Hay tantas mujeres desafiando normas en la letra de Brunet, tanta ironía cuando no certeros golpes a la convención, que resulta evidente su proyecto: replantear lo que se entendía por mujer en la literatura y lo que eran las mujeres, lo que podían llegar a ser. Ya prácticamente ciega, Brunet nos dejó una nota visionaria para nuestro tiempo, adelantándose al suyo. Y acaso su lucidez se deba precisamente a que sus ojos cegatones le permitían eludir el riguroso y restrictivo realismo de su época. Brunet había escapado del sentido común, ese que en la literatura es el peor de los sentidos. Tal vez sea por eso que cuando por fin se operó, cuando le fue retirado el velo catarático que cubría sus ojos, ella dejó de escribir.

Gabriela Mistral, la desvariadora

Por Julio Prieto

Gabriela Mistral (Vicuña, 1889-Nueva York, 1957). Poeta, diplomática, profesora y pedagoga. Por su obra poética, recibió el Premio Nobel de Literatura en 1945. Fue la primera mujer iberoamericana y la segunda persona latinoamericana en recibir un Premio Nobel. Como poeta, es una de las figuras más relevantes de la literatura chilena y latinoamericana. Trabajó como profesora en diversas escuelas y se convirtió en una importante pensadora respecto al rol de la educación pública; llegó a participar en la reforma del sistema educativo mexicano. A partir de la década de 1920, Mistral tuvo una vida itinerante al ejercer de cónsul y representante en organismos internacionales en América y Europa.

Julio Prieto (Madrid, 1968). Poeta y profesor de Literatura Hispanoamericana en la Universidad de Potsdam. Se doctoró por la Universidad de Nueva York y ha sido profesor invitado en las universidades de Princeton, Heidelberg, París VIII, São Paulo y Universidad Libre de Berlín. Sus últimas publicaciones son: *Marruecos* (poemas, 2018) y *La escritura errante* (2016, Premio Iberoamericano LASA 2017).

Su nombre es un viento. Un viento y un ángel, que trajeron una luz nueva a la poesía hispanoamericana.

Un viento seco y violento, venido de fría cordillera, se entrevera con el ángel de las pequeñas cosas —dulzuras del valle: gracia y misterio de la chinchilla y el huemul— para alumbrar el memorable «canto de suelo» mistraliano —ese que esta feraz imaginadora llegó a sentir como algo que faltaba («el melón que huele a cielo / todavía, todavía / no tiene un 'canto de suelo'»)—.

Como arrebatada por fuerte ventolera fue su vida, signada como su poesía por el ángel o el demonio de la errancia: primero como maestra en distintas localidades chilenas, y a partir de 1922 como cónsul de libre elección por el ancho mundo. De esa vida errabunda —vida de «patiloca», diría ella— dan fe los colofones de los cuatros libros de poesía que publicó: *Desolación* (Nueva York, 1922), *Ternura* (Madrid, 1924), *Tala* (Buenos Aires, 1938), *Lagar* (Santiago, 1954), a los que hay que añadir tres libros póstumos: *Poema de Chile* (Barcelona, 1967), *Lagar II* (Santiago, 1991) y *Almácigo* (Santiago, 2016).

Su don mayor fue su poderosa obra poética, pero tuvo además otro don: la «maña» que se dio para que Lucila Godoy pudiera ser Gabriela Mistral (el nombre «que me di de mañosa»). Que una mujer pobre y autodidacta nacida en un remoto valle andino llegara a ser una de las intelectuales más influyentes de su tiempo, y que en 1945 esa mujer ganara el primer Premio Nobel de la literatura latinoamericana, son logros que no dejan de provocar admiración y asombro. Sin duda, la creación de esa figura de escritora, además de mucho ingenio, requirió drásticos sacrificios —entre otros, la posibilidad de expresar un amor prohibido por la sociedad de su tiempo—, de lo que dan testimonio poemas inolvidables como «Una palabra» o «La otra». Pese a todo, supo vivir a fondo el amor «que no puede decir su nombre», que se cifra en su poesía en clave de «locura» o «extranjería» y se declara apasionadamente en el epistolario a Doris Dana, su albacea y compañera de sus últimos años. Definitivamente —y es lo único que de verdad importa— «el asombro del amor / acabó con los asombros» («La dichosa»).

La puesta en valor de la diferencia femenina y lo que llama la «solidaridad del sexo» imantan su visión poética, plasmada en poemas icónicos como «Nosotras», «Todas íbamos a ser reinas» y en la espléndida serie de las «locas mujeres» (la trascordada, la

desasida, la cabelluda…). Más allá de esta serie, la «locura» recurre en su poesía como sinónimo de transgresión y de todo lo excluido por la sociedad patriarcal —como fuerza «desvariadora» de sus fundamentos, para evocar otro de sus poemas. Ahí se desencadena «el nudo que la hizo cantar» (Lihn) y una interminable paradoja: la emblemática «madre de América» es una madre «loca», una madre errante que rehúsa quedarse en casa —«amo y detesto las casas: / me las quiero de rendida, / las detesto de quedada». Una madre «extranjera» que solo puede regresar como fantasma, como en el *Poema de Chile*: «parece, mama, que tú / eres la misma venteada». Vale decir, una madre proscrita, cuya vida y poesía traman un modelo alternativo: la fuga continua a otro lugar. Dice bien la «caminera» (y hay que escucharla bien): «toda mi memoria es marcha».

Nicanor Parra, antipoeta

Por Niall Binns

....

Nicanor Parra (San Fabián de Alico, 1914-La Reina, 2018). Poeta, matemático, físico e intelectual cuya obra ha tenido una profunda influencia en la literatura hispanoamericana y es considerado el creador de la antipoesía. Recibió el Premio Nacional de Literatura (1969) y el Premio Miguel de Cervantes (2011), entre otras distinciones, además de haber sido candidato al Premio Nobel de Literatura en diversas ocasiones.

Niall Binns (Londres, 1965). Catedrático de Literatura Hispanoamericana en la Universidad Complutense de Madrid. Entre sus numerosos libros, destacan *La poesía de Jorge Teillier: la tragedia de los lares* (2001), *La llamada de España* (2004), *¿Callejón sin salida? La crisis ecológica en la poesía hispanoamericana* (2004), *Nicanor Parra o el arte de la demolición* (2014) y *«Si España cae —digo, es un decir—». Intelectuales de Hispanoamérica ante la República Española en guerra* (2020).
....

Que en la década de 1940 un joven chileno, de origen humilde, recibiese una beca para estudiar en Brown University un postgrado en Mecánica Avanzada era algo excepcional. Que el mismo obtuviese,

a finales de esa década, una segunda beca, para doctorarse en Oxford con uno de los grandes matemáticos y astrofísicos de Europa, Edward Arthur Milne, era extraordinario. La tesis de esa joven promesa de las ciencias iba a titularse «Problemas irresueltos de la relatividad cinética», pero nunca se escribió. El profesor Milne, en un curioso informe sobre su doctorando, escribió: «No es un estudiante serio de matemáticas»; asistía a los seminarios sin intervenir ni tomar apuntes «y no creo que pretenda terminar la tesis».

Recomendaba, sin embargo, la prórroga de su beca, porque estaba escribiendo poesía: «Oxford lo inspira».

Ese alumno se llamaba Nicanor Parra, y lo que escribía en Oxford se publicaría, en 1954, en el libro *Poemas y antipoemas*. Tanto el libro como el título elegido cambiarían la historia de la poesía en español. Los demás poetas escribían poesía; Parra, en cambio, era único, era el antipoeta, y lo que escribía era antipoesía. El prefijo cuadraba bien con su escritura. Era beligerante e irreverente; agredía a los lectores y burlaba sus expectativas; se dirigía a ellos con giros coloquiales y tonos callejeros que jamás se habían visto en la poesía culta en español, aunque sí en la poesía popular de Chile. Costaba, además, identificar a los que hablaban en la antipoesía —contradiciéndose, soltando disparates, a veces desvariando— con la voz del autor. Eran un elenco de seres histéricos, confusos, víctimas de la modernidad con arrebatos de ira e indisimulados gestos de cinismo.

«El autor no responde de las molestias que puedan ocasionar sus escritos», dice el verso inicial del primero de los antipoemas. Parra ataca la figura elevada del poeta y su obra: «Los poetas bajaron del Olimpo», dice; «El poeta es un hombre como todos». O bien: «Durante medio siglo / la poesía fue / el paraíso del tonto solemne. / Hasta que vine yo». En tiempos deplorables, en que ningún dogma o creencia o ideología política se mantiene en pie, los personajes de la antipoesía sobrellevan la angustia riéndose: «Cordero de dios que lavas los pecados del mundo / dame tu lana para hacerme un sweater», dicen; «La izquierda y la derecha unidas / jamás serán vencidas».

Cuando triunfó la revolución cubana, la de Parra era la poesía formalmente más revolucionaria de la lengua (aunque él mismo se convirtió, después, en *persona non grata* en la isla). Fue decisivo en las oleadas de poesía prosaica y coloquial que surgieron en esos años. Sería, después, el primer poeta abiertamente ecologista de la lengua y, a punto de cumplir los ochenta, se lanzó a tres nuevos proyectos: una serie de exposiciones de su poesía visual u «obras públicas», la invención de un nuevo género poético: el «discurso de sobremesa», y una impresionante traducción del *Rey Lear* de Shakespeare. Murió a los ciento tres años.

COLOMBIA

Fernando Molano, tres libros

Por Héctor Abad Faciolince

Fernando Molano (Bogotá, 1961-1998). Escritor y crítico literario conocido por sus novelas *Un beso de Dick*, ganadora del Premio de la Cámara de Comercio de Medellín de 1992, y *Vista desde una acera*, consideradas por muchos como obras de culto. En su último año de vida, Molano ingresó en la Universidad Nacional de Colombia, donde se matriculó en Cine y Televisión, hasta que sus estudios se vieron truncados por la enfermedad y la llegada de la muerte.

Héctor Abad Faciolince (Medellín, 1958). Escritor, traductor y ensayista. Entre sus libros destaca la novela *El olvido que seremos*. Su último libro publicado es *Lo que fue presente* (Alfaguara, 2020), que reúne sus diarios íntimos escritos entre 1996 y 2006.

Para alguien que tiene una memoria frágil como la mía resulta extraño recordar con nitidez a alguien que hoy sería un hombre casi tan viejo como yo, pero que parecía un muchacho. La muerte lo dejó fijado en su juventud y lo salvó de esas ofensas del tiempo que muchos de su generación temían como la peste. Antes de ver a Fernando Molano por primera vez, en 1992, había leído en manuscrito su primera novela, *Un beso de Dick*, en un concurso del que era jurado. Apunté lo siguiente:

> He leído sesenta y dos novelas para un concurso de la Cámara de Comercio de Medellín. O no las he leído, no completas, según el viejo precepto que dice: «No tengo que comerme todo el huevo para saber que está podrido». Al final hemos hecho ganar a dos: *Un beso de Dick*, de un tal Molano, y *Polvo eres*, de un tal Betancur. Ambas novelas, frescas, buenas, me reconcilian con lo que se escribe acá. Carlos José Restrepo y yo queríamos que ganara la primera, la de Molano. El tercer jurado, el novelista Fernando Soto Aparicio, la otra, pues a él le horroriza el tema abiertamente homosexual de la primera. Logramos convencer a los organizadores para que diéramos dos primeros premios.

Molano decía tener veintiséis años, pero parecía de veintitrés y tenía treinta y uno. Era delgado y fornido, sonriente con un dejo de melancolía. Había perdido dos grandes amores: su madre y su novio. Habían recibido, casi al mismo tiempo, el diagnóstico de seropositivos, pero Diego no había resistido.

En una biografía de Molano, publicada recientemente, Pedro Adrián Zuluaga rescata algunas palabras que pronunció —en susurros— al recibir el premio de novela de la Cámara de Comercio:

> [...] muy temprano he sabido que en realidad habito un mundo extraño, en el que el hombre pareciera estar enamorado del dolor, vivir seducido por la lascivia de la muerte ajena, tener como único aliento el mezquino sueño de ser feliz solo... En todo caso, en medio de la miseria humana, de la que a los colombianos no nos ha correspondido poca, yo quisiera declarar (sé que no van a creérmelo) que algunas veces he sido feliz. Y siento que esos momentos me justifican [...].

Hay en este discurso una convicción que lo aleja del sinsentido absoluto. En un mundo horrendo, en una realidad violenta como la colombiana, a veces la bondad y la felicidad asoman al doblar una esquina. Su obra, que siempre estuvo a punto de desaparecer, se ha salvado gracias a alguien que capta la asombrosa profundidad de su sencillez, la belleza con que registra el amor, la música, la alegría del sexo, la simple contemplación de la existencia.

Fernando Molano se nos murió poco antes de que el sida encontrara remedio. Con la ayuda de mi esposa y la complicidad de un impresor de la Universidad de Antioquia, alcanzamos a enviarle publicado su único libro de poesía: *Todas mis cosas en tus bolsillos.* Llegamos por un pelo, y es bonito que ese libro exista pues esconde claves de su segunda novela, que se publicó ya póstuma, y cuya salvación fue casi un milagro. *Vista desde una acera*, aparece, diría yo, como la premonición de la forma en que sería rescatada pues se creía perdida y, para algunos de sus familiares, la había quemado antes de morir. Sin embargo, como él había ganado una beca para escribirla, entre los requisitos estaba el de entregar una copia manuscrita. Esa copia llegó a Luis Ángel Arango y allí la encontró una amiga.

Publicar la segunda novela inconclusa de Molano fue obra del tesón de una editora incansable, Verónica Londoño, y del trabajo del profesor David Jiménez Panesso. Hay escritores que parecen destinados a quedar sepultados por el ruido. Pero, por algún milagro, su susurro se percibe y, finalmente, su voz se impone. Durante años el primer libro de Molano, agotada la primera edición, circuló en ediciones pirata. Del libro de poesía pocos conocían la existencia. Su segunda novela parecía haber nacido muerta. Pero ahora, en Colombia, su triple obra circula y se lee, y empieza a ser amada por lectores no tan secretos. En mi opinión, este escritor, joven para siempre, debería ser más leído en más países de nuestra lengua.

Marvel Moreno y la inasible belleza

Por Javier Ignacio Alarcón

Marvel Moreno (Barranquilla, 1939-París, 1995). Escritora que en la década de 1960 se relacionó con el Grupo de Barranquilla. Fue escogida por la revista *Cromos* como una de las cien mujeres más influyentes de la historia de Colombia. Falleció de lupus el 5 de junio de 1995 en París. Horas antes, había logrado escribir las primeras líneas de un cuento titulado «Un amor de mi madre». Tras su muerte, su obra tomó mayor vigencia.

Javier Ignacio Alarcón (Caracas, 1987). Doctor en Estudios Lingüísticos, Literarios y Teatrales por la Universidad de Alcalá. Forma parte de la redacción de *Contrapunto. Revista de crítica e información cultural.* Ha publicado la novela *La isla de la fama efímera* (Tandaia, 2017) y el ensayo *¿Quién escribe? La autoficción especular en la literatura venezolana* (Peter Lang, 2020), así como relatos en compilaciones y revistas. Es músico guitarrista, bajista y compositor, en distintos bares de Madrid. Presentó los conciertos «Canciones no-sentimentales» y «Jazzy Christmas» en el Microteatro por dinero.

Necesito separarme de la voz del crítico literario: los personajes que habitan las ficciones de Marvel Moreno me hablan en otro nivel, revelan una hondura difícil de aprehender desde un punto de vista solo racional. No quiero decir que los textos de esta escritora de Barranquilla no posean profundidad analítica. Sin embargo, es más allá de los elementos técnicos donde encuentro el punto fuerte de su literatura. Hay humanidad en sus personajes. Recuerda a Cervantes: no importa qué tan ridícula sea la figura del Quijote, siempre resulta conmovedora. De la misma manera, los burgueses y aristócratas que dan vida a las ficciones de Moreno, sean alienados, víctimas o hipócritas, acaban por mostrar sus contradicciones internas, las paradojas que los hacen cercanos. No es solo en la crítica a la sociedad colombiana o en la maestría de la narración donde conecto con la obra de la escritora, es en la empatía que genera: en cómo las historias y sus protagonistas remueven mi propia vida.

No puedo evitar hablar como venezolano. Al volver a los relatos, conecto mi existencia con sus ficciones, como si la burguesía de Barranquilla, satirizada en los textos de Oriane, *Tía Oriane* (1980), fuera la misma con la que conviví en Caracas. Ahora, que recorro Madrid, siento que he asistido a la fiesta narrada en «La noche feliz de Madame Yvone» y he conocido a los invitados. El mundo de los personajes de *En diciembre llegaban las brisas* (1987) refleja el que habité en Venezuela. Lo irónico es que nunca he estado en Colombia. Pero, al visitar la ciudad que formó la autora, percibo algo familiar en el paisaje. Las urbes latinoamericanas son espejos, Caracas es Barranquilla, colores gastados y espacios caóticos, fragmentos de un todo.

Quiero hablar también como escritor, es imposible no leer a Moreno como a una maestra. Sus textos son una colección de artilugios narrativos que descubren nuevas formas de entender la literatura y de mirar el mundo. Es común, en las obras de grandes escritores, encontrar pasajes que nos dejan anonadados. Algunos elementos se pueden precisar: sus narradoras focalizadas en las mujeres protagonistas, las voces que habitan sus textos, la agudeza crítica e irónica que en ningún momento cae en discursos maniqueos, la agilidad narrativa que recorre con eficacia la profundidad de los personajes. Sin embargo, esto no logra explicar el embrujo que produce la literatura de Moreno. Confieso mis límites, no soy capaz de precisar ese elemento misterioso que atrapa y que emociona en las páginas de esta mujer de Barranquilla.

José Eustasio Rivera y *La vorágine*, una novela entre dos frases

Por Eduardo Becerra

....

José Eustasio Rivera (Rivera, 1888-Nueva York, 1928). Escritor, autor de la novela *La vorágine* (1924), considerada un clásico de la literatura hispanoamericana. Hasta la llegada de *La vorágine*, la literatura colombiana solo tenía en *María*, de Jorge Isaacs, una obra de indiscutible altura universal. Rivera logró en esta narración desembarazar la novela nacional del localismo detallista propio del costumbrismo y, con original expresión, supo plasmar la enconada lucha del hombre con la naturaleza.

Eduardo Becerra (Haro, 1963). Catedrático de Literatura Hispanoamericana en la Universidad Autónoma de Madrid. Sus libros, ediciones, artículos y reseñas suman más de cien trabajos sobre narrativa, poesía y ensayo latinoamericanos.

....

Dejándose llevar menos por el rigor que por la autopropaganda, Carlos Fuentes y Vargas Llosa dictaminaron hace años que la novela de verdadera creación en América Latina nacía prácticamente con ellos y su generación. Lo anterior fue, en sus palabras, una escritura «más cercana a la geografía que a la literatura» —Fuentes—, convertida en «dato geográfico, descripción de usos y costumbres, atestado etnológico, feria regional, muestrario folklórico»; en definitiva: «rústica y bien intencionada, sana y garrula» —Vargas Llosa no se dejó ningún «elogio» en el tintero—.

Llamativamente, ambos recurrieron a la frase final de *La vorágine:* «Los devoró la selva», como santo y seña de esa narrativa esquemática y sin ambiciones. Un cierre que Fuentes incluso citó mal —«Se los tragó la selva»—, como última muestra del desdén paternalista con que juzgó esos precedentes. Leí *La vorágine* por primera vez hace muchos años y recuerdo que, tras leer la primera frase: «Antes que me hubiera apasionado por mujer alguna, jugué mi corazón al azar y me lo ganó la Violencia», pensé que con un comienzo así la cosa tenía que ser muy diferente.

Lo que me encontré entre esas dos frases tan recordadas —en vez de un relato plano y meramente documental— fue una ficción polifónica, sostenida por una estructura múltiple y marcada por la sensibilidad alterada de su protagonista: Arturo Cova: «un desequilibrado tan impulsivo como teatral» —como se le define en la obra— poseído por la literatura; un buscador del ideal enfrentado a un entorno brutal que convertía en patéticas sus emociones.

La vorágine, más que una «novela de la tierra o de la selva», fue para mí una *novela de artista* que reinventaba el género. Los imaginarios de la explotación cauchera y de las comunidades indígenas,

entre otros, son recreados a través de un amplio muestrario de códigos en tensión y disputa: descripciones realizadas con un lenguaje
modernista extremo, ensoñaciones bucólicas de espíritu romántico,
violencia tratada con crudeza naturalista, historias de carácter me-
lodramático, sentimentalidades atormentadas, actitudes quijotes-
cas… En este despliegue de escrituras, *La vorágine* aportaba una
puesta en cuestión de registros caducos —con el modernismo y sus
resabios románticos en primer plano— a la hora de adentrarse en
su tiempo americano, y con ello atesoraba un arsenal político nada
desdeñable.

Ese supuesto realismo agotado queda desmentido también en
las pesadillas de Cova. En ellas la selva se convierte en un cuerpo
vivo que se funde con su piel y su sangre. Las imágenes hiperbó-
licas y truculentas adquieren verosimilitud en la mente enajenada
del protagonista: la naturaleza va diluyendo la presencia humana y
surge como mundo primordial, encarnación de fuerzas cósmicas
diabólicas e infernales. Al mismo tiempo, estos delirios ofrecen un

perfil paródico al emerger de la conciencia perturbada de un personaje ridículo.

El tiempo ha puesto las cosas en su sitio: el colombiano Juan Cárdenas ha homenajeado recientemente en su obra narrativa a *La vorágine* para reivindicar la validez de un imaginario que casi cien años antes convirtió a la selva y la violencia en emblemas de la realidad histórica de su país. Ambos espectros siguen funcionando en la literatura de Cárdenas como recordatorio de un pasado y un presente que esfuerzos «modernizadores» siempre fracasados no han podido borrar. De Rivera a Cárdenas la naturaleza se mantiene como escenario de la violencia y explotación colombianas, quizá latinoamericanas, lo que obliga a reconsiderar la supuesta obsolescencia de modelos de escritura que, aunque se declararon acabados, siguen vivos y sirven para explicar el presente de nuevo.

José Asunción Silva. «Mira cómo nos dejó ese zoquete»

Por Munir Hachemi

....

José Asunción Silva (Bogotá, 1865-1896). Poeta, uno de los más importantes precursores del modernismo y, según otro sector de la crítica, uno de los más importantes escritores de la primera generación de modernistas. Se considera que su obra de mayor relevancia es *El libro de versos*. Se suicidó con treinta años dándose un tiro en el corazón, y se cuenta que se encontró el libro *Triunfo de la muerte*, de Gabriele D'Annunzio, a la cabecera de su lecho.

Munir Hachemi (Madrid, 1989). Nació un sábado con aguacero. Su última novela es *Cosas vivas* (Periférica, 2018). Conoce los placeres de la traducción literaria y de alguna manera logró sacar adelante una tesis doctoral sobre la influencia de Borges en la narrativa española. En algunas antologías constan relatos y poemas suyos; actualmente prepara un libro de cuentos y espera la publicación de su primer poemario. Admira el valor y la inteligencia. Integrante de la lista Granta 2021.

....

De Asunción Silva muchos se preguntan si lo leeríamos en caso de que hubiera muerto ya anciano, de que no se hubiera suicidado.

Como Quiroga —bueno, no tanto como Quiroga— tuvo una vida marcada por el infortunio. Nació en Bogotá en 1865 y su destino era la opulencia, pero al padre lo desheredaron. De alguna manera ese episodio signó su corta vida: siempre fue un *dandy* irredento, inasequible a las circunstancias y a las condiciones materiales. Acumuló deudas y logró un cargo diplomático en Venezuela, donde escribió el grueso de su obra. El barco que lo traía de vuelta a Colombia naufragó, y en el naufragio Asunción Silva perdió sus manuscritos. Según a quién preguntemos aquel barco se llamaba *América* o *Amérique*, que parece que es lo mismo pero que en absoluto es lo mismo, y menos en la Colombia de finales del XIX. Y menos para Asunción Silva.

Su biografía ofrece pocas certezas. Hay quienes han llegado a especular que Asunción Silva fue asesinado. Si tienen razón, el asesino era prolijo: encontraron sobre su mesilla, perfectamente ordenados, los manuscritos de *De sobremesa* y *El libro de versos*. Hasta ahí su obra voluntaria; incursiones ulteriores nos han dado un volumen de juventud titulado *Intimidades*, una breve colección de *Gotas amargas* y unas *Poesías varias*.

Se suele destacar *El libro de versos*. Yo, que lo estimo digno del olvido, prefiero *Gotas amargas* y *De sobremesa*.

De Asunción Silva muchos se preguntan si lo leeríamos en caso de que hubiera muerto ya anciano. Su suicidio es hoy parte inevitable de su obra y padecemos la condena fatal de su exégesis —a pesar de que el suicidio sea el acto más ilegible de todos—. La ejecución fue absolutamente teatral y radicalmente moderna, como el resto de su vida. En cierto sentido el poeta prefiguró su muerte. En una de sus *Gotas amargas* nos cuenta la historia de un espermatozoide que, tras ser gestado, nacer y desarrollarse, se suicida igual que lo hizo él, con la misma puesta en escena.

La profecía poética se cumple en una de las versiones de su suicidio, en la que el poeta se viste de frac y se dispara con un Smith & Wesson, que no sé qué es pero que supone un *atrezzo* radical e increíble. También se dice y se desmiente que estaba leyendo un

libro de Gabriele D'Annunzio, *El triunfo de la muerte*, que no conozco pero que seguro que no es tan malo como para meterse una bala en el pecho. La fatalidad ofrece posibilidades literarias: Silva le pidió a un médico amigo, con cualquier pretexto, que le señalara el lugar exacto donde estaba el corazón. Parece ser que esto lo habría tomado prestado de Montaigne, que cuenta lo mismo del suicidio del emperador Adriano. ¿No es este un gesto perfecto de dandismo, el punto de fuga de su acusada influencia francesa?

Otra versión se rinde al desencanto y afirma que Silva se mató porque lo había perdido todo. Este suicidio contable lo remataría la hipotética frase de su madre: «mire cómo nos dejó ese zoquete», no se sabe si en referencia a la soledad, la bancarrota o los desperfectos.

Pero ese zoquete escribió algunas páginas memorables. También se dice de él que había estado enamorado en secreto de su hermana Elvira. Su novela es un ejemplo incomparable de modernismo narrativo. En ella Silva extenúa el lugar común de la mujer inaccesible; trata de lo carnal y lo espiritual, lo humano y lo divino, en fin, ya saben. Por supuesto, a esa mujer la llama Helena, que suena más o menos como Elvira pero con hache y con potentes resonancias homéricas.

No sé qué sea el hecho literario; sé que habrá de hallarse en un punto intermedio entre la emoción y el ridículo. Asunción Silva transitó ese límite como nadie y esa fue la lección que nos dejó; léanlo y envídienlo desde nuestros veintisiete siglos de edad.

COSTA
RICA

Carmen Lyra, la infancia

Por Mónica Albizúrez

Carmen Lyra (San José, 1887-Ciudad de México, 1949). Escritora, pedagoga y política. Considerada una de las escritoras más entrañables y significativas de la literatura de Costa Rica. Su obra más conocida es *Cuentos de mi tía Panchita* (1920); además, escribió obras de teatro, ensayos políticos y las novelas *En una silla de ruedas* y *Las fantasías de Juan Silvestre*. Por el conjunto de su producción y contribución a Costa Rica, fue declarada Benemérita de la Cultura Nacional en 1976 y Benemérita de la Patria en 2016.

Mónica Albizúrez (Guatemala). Doctora en Literatura Latinoamericana y escritora. Vive en la ciudad de Hamburgo, en donde se dedica a la docencia. Ha escrito monografías y artículos sobre literatura latinoamericana. Además de poeta, es autora de la novela *Ita* (F&G Editores, 2018).

Quería ser monja. María Isabel Carvajal deseaba profesar los votos religiosos para curar enfermos y asistir a los pobres, pero su condición de hija ilegítima acabó pronto con las expectativas. Una religiosa no podía ser tal sin el apellido paterno. Emerge entonces otro nombre, el de Carmen Lyra. Y con ese nombre, arranca una carrera literaria y política guiada por la disidencia. Lyra confrontará una Costa Rica conservadora, en cuyo valle central se gestaba el sueño de ser una nación blanca, diferente a la Centroamérica mestiza e indígena. Hablar de Carmen Lyra es hablar de una escritora y maestra comunista que hizo de la infancia y la desigualdad una reflexión central.

Los libros de Carmen Lyra los había cerrado hace tiempo. Volví a ellos en el verano de 2014, cuando el eufemismo «menores no acompañados» empezó a designar el éxodo de niños y niñas centroamericanos en busca de refugio hacia el norte. Un refugio que en la era Trump, tomó la forma macabra de jaulas en los centros de detención. La imagen de Carmen Lyra, menuda y morena, entre los niños de la escuela maternal costarricense o en los barrios obreros, surgió entonces a contraluz.

Mi regreso al territorio de Carmen Lyra lo hago a través de tres movimientos. El primero, *En una silla de ruedas*. Así se titula esta

primera novela de Lyra, en donde discapacidad y abandono marcan las vidas de dos niños. Son Sergio y Ana María. Accidental es su encuentro. Común a ambos, su desamparo. «¡Qué tranquilas parecen las casas así vistas de lejos!», exclama Sergio desde la distancia que le refracta la desposesión. La aspiración a un hogar la escamotea a cada momento el Estado y una sociedad provincial. Sergio y Ana María lograrán, ya de adultos, una casa distinta. Entre sus muros, un extranjero, una indígena, Sergio y Ana María reencontrados, improvisarán una nueva convivencia. Les asiste el optimismo. Carmen Lyra se preguntará años después si no es demasiado feliz este final.

El segundo movimiento opera en la literatura infantil, tan ignorada por la historiografía literaria. De la imaginación de Lyra, irrumpe la voz de la tía Panchita, una vendedora de animales fantásticos modelados con pasta de azúcar y cuentacuentos despreciada por los profesores de lógica en los colegios. Sus relatos, *Cuentos de mi tía Panchita*, han sido leídos por generaciones de niños costarricenses. Y es que Lyra/la tía Panchita, como sostiene Ann González, transcultura con estos relatos una tradición de cuentos de hadas europeos y leyendas africanas, para dar a los niños costarricenses claves de sobrevivencia en un mundo inseguro. Con un habla regional y divertida, la risa desplaza la desventura. La narradora relativiza la muerte. Como ocurre con la versión del cuento de la Cucarachita Mandinga respecto del entierro del ratón Pérez, «La Cucarachita quiso que fuera bien rumboso e hizo venir músicos que iban detrás del ataúd». Seguir, allí está la clave de vida en estos cuentos.

El último movimiento constituye un descenso hacia las costas del Caribe costarricense, a los enclaves bananeros. Carmen Lyra escribe *Bananos y hombres* en 1931, en un momento crucial de su compromiso político. Los servicios de inteligencia norteamericanos relatarán años después el papel clave de Lyra en organizar el Partido Comunista costarricense ese año. Es célebre la aclaración de la escritora sobre el orden del título de aquellos relatos: «Pongo primero BANANOS que HOMBRES porque en las fincas de banano, la fruta ocupa el primer lugar, o más bien el único». Antes de que conceptos como colonialidad o extractivismo se emplearan en el lenguaje científico, Lyra retrata en estos cuentos personajes tipo que caracterizan la vida miserable de hombres, mujeres y niños en aquellos enclaves. El único valor de todos ellos es ser desechables. Mientras el banano se imponía como un alimento de consumo global gracias a un hábil discurso de publicidad, como una banana vestida de Carmen Miranda, los relatos de Lyra ponen de manifiesto un modelo económico que agotaba sus recursos y sus gentes. Las expulsaba.

La trayectoria escritural de Lyra incluye además un número considerable de artículos periodísticos y ensayos, que en los últimos años empiezan a sistematizarse. Su interés por la infancia se mantuvo siempre. Carmen Lyra muere en la Ciudad de México el 14 de mayo de 1949, un año después de salir al exilio.

CUBA

Guillermo Cabrera Infante o la máquina de describir

Por Matilde Sánchez

Guillermo Cabrera Infante (Gibara, 1929-Londres, 2005). Escritor y guionista que después de exiliarse de su país obtuvo la ciudadanía británica. Obtuvo el Premio Cervantes en 1997. En 1967 publicó su primera novela de renombre, *Tres tristes tigres*, cuyo carácter experimental radica en el uso ingenioso del lenguaje en su registro más coloquial y el juego constante de guiños y referencias a otras obras literarias. Ha escrito otras novelas destacadas, como *Vista del amanecer en el trópico* (1974), *Exorcismos de esti(l)o* (1976) y ensayos como *Vidas para leerlas* (1998).

Matilde Sánchez (Buenos Aires). Autora de las novelas *La ingratitud* (Mardulce), *El Dock* (Planeta), *El desperdicio y Los daños materiales* (en Alfaguara). También publicó *Las reglas del secreto, una antología comentada de la narrativa de Silvina Ocampo* (FCE) y el relato de viajes *La canción de las ciudades* (Seix Barral). Es periodista cultural y dirige la *Revista Ñ* desde 2014. Recibió las becas Guggenheim y Civitella-Ranieri.

El día en que murió, La Habana no dio la noticia aunque sus novelas llevaban años como clásicos de catacumba, en el mercado negro. Que haya podido ser obligado al destierro, execrado públicamente en América Latina y raleado del cuadro de honor del *boom* debería hacernos oír la risa de la Historia. El siglo XX ardió en esos fuegos y la región ofreció su mejor madera tanto a la mitologización de los líderes como a la politización de la literatura. Sin embargo, a pesar de los ensayos breves de *Mea Cuba* —¡eso es el arte de injuriar!—, Cabrera Infante nunca jugó cómodo en el papel del intelectual. De Cortázar, con quien polemizó, solía citar una frase: «Nada daña más a un escritor que verse obligado a representar a su país».

Primero nació el 22 de abril de 1929 en Gibara; allí sus padres fundaron la sede del Partido Comunista. Volvió a nacer cuando emigró a la gran ciudad, no a La Habana elegante, que él situará en algunas manzanas de El Vedado, sino a las «cuarterías» de Monte 866 y Zulueta 408, ambos derrumbados sin intención humana. Será en esos conventillos, antes de ser cronista cinematográfico en la revista *Carteles* y el diario *Hoy*, donde descubra el cine, en una primera función en continuado, y luego adivinando guiones, asomado al aire y luz por el que asciende el resplandor de las películas, espiadas en diagonal desde la azotea. Solo andar en coche le da a probar el voyeurismo. Toda la ciudad es su cine natural, el prisma en el que uno se ve a sí mismo en los ojos de los demás.

El teatro urbano de los sentidos alcanza la apoteosis en *Tres tristes tigres*, TTT, de 1965. Es su novela más vanguardista, donde diálogo y relato fluyen en parodias y montajes bajo la ley del trabalenguas, que reside en la alta velocidad. Lo que sigue es la novela del exilio, la memoria del cubano en otra isla, que reconstruye su primera ciudad por los ojos del fantasma.

Escrita en Londres, *La Habana para un infante difunto* (1979) erige el museo viviente de la gran urbe y contará cómo se forjan la

subjetividad moderna y la maduración sexual. Como todo coleccionista de damas, aprecia la variedad, desde aquellas divas incorpóreas hasta el lunar de Venus, la belleza mellada, la amada sin un pecho. En la penumbra, cine, murmullo y sexo van de la mano y es por eso que su universo hollywoodense acaba encontrándose con el de Manuel Puig, adoradores de platea. La ortodoxia de género es tan dominante en él que hoy nos sugiere el vano del clóset.

Se ha destacado la prosa barroca de Cabrera Infante, su profusión de juegos, esa musiquita del Siglo de Oro y también nabokoviana. Hoy *La Habana para un infante difunto* se expone a nuestra lectura como un glosario fabuloso de incorrecciones y masculinidad

rampante. ¿No describe acaso a un esclavo de los estereotipos, al trabajador explotado por sus conquistas? Cine íntimo: me vienen al recuerdo las fotos tomadas por Sara Facio en la casa londinense, con Miriam Gómez a su lado en un *topless* escultural, y otra, con Cabrera sentado, primer plano del cierre del pantalón y la mano de Miriam en su entrepierna.

Autobiografía ficcionada, esta novela es también una *tour de force* que preserva el humor habanero y los tonos del medio siglo. La galería femenina adquiere rango existencial; es el gran aparato descriptor, con mujeres clasificadas en una gradación infinita. Ellas son las encargadas de la educación sentimental y las parteras de la gentrificación. Ponen cuerpo a los frondosos ritmos populares y entran en contacto con el afuera y lo distinto. Síndrome isleño esa pulsión de hibridarse, como lo es también de su obra el encarnar y rebelarse a la identidad. Cabrera Infante se alinea con más riqueza más allá de las literaturas nacionales, en el sistema de la Guerra Fría. Con Virgilio Piñera y Reinaldo Arenas junto a Nabokov y Brodsky.

Apoyó la revolución en la sierra. En 1959 el periodista conocido por su apodo, Caín, recibió altos cargos en el nuevo gobierno y quedó al frente de *Lunes*, el suplemento literario que presumía de doscientos mil ejemplares de tirada en el diario *Revolución*. En 1961 el clima de las libertades se enrarece y es destinado a un *exit* honorario en la embajada cubana en Bruselas. Este capítulo se entreteje con la historia de los intelectuales y la izquierda latinoamericana: viaja en reemplazo del poeta Piñera, también castigado por el delito de tibieza. En el ensayo *Mordidas del caimán barbudo*, registra los pasos en falso que conducen a su destierro, en 1965. Se establece por fin fuera de la esfera del castellano.

Cuando la salud de un anciano Castro flaqueaba, le preguntaron si volvería a La Habana en caso de que Fidel muriera. Cabrera Infante respondió: «Sí, claro, pero no en el primer avión».

Lorenzo García Vega, un extranjero en la realidad

Por León Félix Batista

....

Lorenzo García Vega (Jagüey Grande, 1926-Miami, 2012). Escritor, uno de los representantes del llamado Grupo Orígenes, fundado por José Lezama Lima. Su obra incluye libros de poesía, cuentos, ensayos, dos novelas y un libro de memorias. A pesar de cultivar casi todos los géneros literarios, su escritura se sostiene en una constante ruptura de las formas y conceptos genéricos. El ensayo autobiográfico *Los años de Orígenes* (1979) es quizás uno de los libros más polémicos de la literatura cubana.

León Félix Batista (Santo Domingo, 1964). Ha publicado veinticinco libros, entre ellos *Delirium semen* (México, 2010), *Caducidad* (Madrid, 2011), *Música ósea* (Perú, 2014), *Prosa del que está en la esfera* (Buenos Aires, 2006) y *Globos de ensayo y error* (Madrid, 2020). Aparece en antologías como *Zur Dos* (última poesía latinoamericana, Bartleby, 2005) y *Cuerpo Plural* (antología de la poesía hispanoamericana contemporánea, Pretextos, 2010).

....

Nació en Jagüey Grande, Matanzas, Cuba, el 12 de noviembre de 1926 y falleció en Miami, Estados Unidos, el 1 de junio de 2012. Novelista, narrador, ensayista y poeta, considerado por la crítica como escritor inclasificable, dados los desplazamientos y mezclas entre géneros que practican sus obras.

En su país natal fue el miembro más joven del Grupo Orígenes, que desarrolló y difundió su estética en torno a la editorial-revista del mismo nombre —cuarenta números entre 1944 y 1956—, y que contaba entre sus miembros con figuras tan prominentes como el autor de la célebre novela *Paradiso* José Lezama Lima, el dramaturgo y narrador Virgilio Piñera y la premio Reina Sofía de Poesía Iberoamericana 2011 Fina García Marruz.

García Vega se doctoró en Derecho y Filosofía y Letras por la Universidad de La Habana. Publicó con apenas veintidós años su primer poemario, *Suite para la espera*, de ligero carácter vanguardista —cubismo y surrealismo, especialmente—, con lo que de entrada contradijo la general tendencia hacia lo clásico de su generación.

A los veintiséis obtuvo el Premio Nacional de Literatura por su novela *Espirales del Cuje*. Pero, a mediados de la década de 1960, empezó un peregrinaje que lo llevó a residir en distintas naciones, sin regresar jamás a la suya. Así, entre Madrid, New York, Caracas y Miami fue construyendo una de las biobibliografías más singulares y deslumbrantes de la literatura contemporánea hispanoamericana. Entre los primeros libros suyos en el exilio se cuentan *Ritmos acribillados* (1972), su primer diario *Rostros del reverso* (1977) y el polémico *Los años de Orígenes* (1979), armado como un *collage* de recuerdos sobre la Cuba del Grupo Orígenes, en el que se desmitifica su circunstancia histórica y la de su líder, Lezama Lima, desde un punto de vista disidente.

Después de aquella catarsis literaria, dio a conocer *Poemas para penúltima vez (1948-1989)* (1991), el cual sería el último de sus libros con clasificación de género específica. A partir de ahí, emprendería un camino de escritura original y en solitario, despejado de influencias que provinieran directamente de su tradición caribeña, siendo asociado con artistas como Duchamp, Pessoa, Stein y Beckett.

Apelando a una hibridez cada vez más pronunciada, produjo una cantidad trepidante de obras pasibles de ser leídas prácticamente desde cualquier punto de vista, género y ángulo: *Collages de un notario* (1992), *Espacios para lo huyuyo* (1993), *Variaciones a como veredicto para sol de otras dudas* (1993), *Vilis* (1998), *Palíndromo en otra cerradura* (1999), *No mueras sin laberinto* (2005), *Cuerdas para Aleister* (2005), *Devastación del Hotel San Luis* (2007). Al mismo tiempo, continuaba con sus diarios mixturados, muy a su estilo, con memorias: *El oficio de perder* (2004), *El cristal que se desdobla* (2016) y *Rabo de anti-nube* (2018). Autor de culto en Cuba (y más allá), su obra es una de las más felices rarezas de la literatura contemporánea.

José Lezama Lima, el viajero secreto

Por Ronaldo Menéndez

∙∙

José Lezama Lima (La Habana, 1910-1976). Poeta, novelista, cuentista, ensayista y pensador estético. Es considerado uno de los autores más importantes de su país y de la literatura hispanoamericana, especialmente por su novela *Paradiso*, una de las obras más destacadas en lengua castellana. Su obra se caracteriza por su lirismo y el uso de metáforas, alusiones y alegorías, asentada sobre un sistema poético que desarrolló en ensayos como *Analecta del reloj* (1953), *La expresión americana* (1957), *Tratados en La Habana* (1958) o *La cantidad hechizada* (1970).

Ronaldo Menéndez (La Habana, 1970). Fundador de la escuela de escritura Billar de Letras, en Madrid, ciudad donde reside desde hace más de una década. Ha publicado más de una decena de libros: novela, relato, ensayo y literatura de viajes. Entre ellos, con Páginas de Espuma, su más reciente *La nieta de Pushkin*, y con AdN (Alianza de Novelas), *La casa y la isla*. Formó parte del primer Bogotá 39. Algunas de sus obras han sido traducidas al italiano, portugués y francés.

∙∙

En el número 162 de la calle Trocadero, en el barrio roto de La Habana vieja, está esa casa donde desde hace mucho ya no late el corazón de una pequeña máquina de escribir. Y ya no resuenan más pisadas que las de los visitantes que intentan recuperar reminiscencias de la respiración asmática de Lezama. Parece que la casa se esconde hacia su fondo, como condenada por el encierro de su dueño. Es sabido que se encerró durante los últimos años, y que engordó tanto que cuando murió, el 9 de agosto de 1970, tuvieron que romper la ventana para sacarlo porque su cuerpo incesante no cabía por la puerta.

La insularidad cubana, Dios y los orígenes fueron sus tres males y sus largas luces. Como católico, emprendió la aventura de la revista *Orígenes* en el año 1944, patrocinada por José Rodríguez Feo, junto a otros católicos, el sacerdote Ángel Gaztelu, los poetas Cintio y Fina, el inmenso y demoniaco Virgilio Piñera, y un ramillete de pintores y poetas. Llenaron las páginas de esa revista que dio nombre a una generación, y donde las letras y la pintura curaban todos los males: Lezama fecundó la idea de que la isla, a través de la poesía y de la imagen, se elevaba a entidad universal.

A veces pienso que no era que Lezama escribiera poesía, sino que la Poesía inventó a Lezama. Como si en la laboriosa circulación de los versos, en el pendular de la imagen, se hubiera ido construyendo un hombre a imagen y semejanza de su Poesía. Una respiración asmática que era idéntica a la cadencia de sus versos. Un aliento largo que parece ahogarse, pero que se aflauta en adjetivos impredecibles. Con sus poemarios *Muerte de narciso* (1937) y *Enemigo rumor* (1941), todos comprendieron que para comprender a Lezama había que vivirlo en sus cuatro puntos cardinales. No era posible entrar y salir de sus versos como quien picotea algo, había que ir de un libro a otro, saltar del ensayo a la poesía, de la reflexión a la imagen, del sentido del humor al erotismo caudaloso.

En el año 1957 publicó el ensayo *La expresión americana* y en 1966 su novela *Paradiso*. Siempre he tenido la impresión de que son el mismo libro, aunque los separen años y género. Porque sus palabras suenan como si galopara un mismo caballo, y sus ideas habitan en una única cabeza adelantada. Cuando en la Cuba revolucionaria miraban con reticencia su inmensa novela con su homoerótico capítulo 8, fue Cortázar, amigo de la Revolución, quien le dijo a todo el mundo que aquel hermetismo y aquel delirio, que aquella avidez y ese incendio de verbos de sus páginas, habían llegado para quedarse.

Edípico, caballero renacentista y apolíneo, pero epicúreo siempre que se servía la mesa, Lezama Lima también fue caníbal. Devoraba todo el saber y parecía que lo sabía todo, como esos hombres que tras su muerte nos recuerdan que se ha vuelto a incendiar la biblioteca de Alejandría. El último recuerdo de La Habana, que me contó una vez Mario Vargas Llosa, relata que había comido con Lezama Lima y Jorge Edwards en un restaurante para diplomáticos, donde no habían pronunciado una sola palabra de política. Y Lezama se despide de Vargas Llosa tomándolo fuertemente de la mano: «¿Tú te has dado cuenta en qué país estoy viviendo?», le pregunta. «Sí, claro que me he dado cuenta», le responde el peruano en

aquella tarde habanera que se ha perdido para siempre. Entonces el gordo Lezama le vuelve a apretar la mano aún más fuerte, y le repite la pregunta: «¿De verdad te has dado cuenta?».

Virgilio Piñera, carne y metafísica

Por Francisca Noguerol

Virgilio Piñera (Cárdenas, 1912-La Habana, 1979). Poeta, traductor, narrador y drama-turgo. Considerado uno de los autores más originales e independientes de la isla, a veces catalogado como integrante de la literatura del absurdo. Sus obras más conocidas inclu-yen el poema «La isla en peso» (1943), la novela *La carne de René* (1952) y la pieza teatral *Electra Garrigó* (1959).

Francisca Noguerol (Sevilla, 1967). Catedrática de Literatura Hispanoamericana en la Universidad de Salamanca, ha ejercido asimismo la docencia en diferentes universi-dades americanas y europeas. Es autora y editora de numerosas monografías y trabajos de investigación, en los que se manifiesta su interés por los movimientos estéticos más innovadores desde las vanguardias históricas hasta nuestros días.

Acercarse a la obra del cubano Virgilio Piñera, que practicó a lo largo de su vida con igual maestría la poesía y el teatro, la narrativa y la traducción, supone ingresar en un universo literario tan cohe-sionado en sus rasgos —sátira y denuncia del absurdo existencial, acidez ajena a principios edificantes, privilegio de la invención y la imagen, objetivismo y ausencia de psicologismo— como contrario al canon literario nacional imperante en su época. Convertido en referente de las últimas generaciones de escritores isleños sufrió, sin embargo, la suerte de quienes aparecen como un exabrupto ante los modelos patrios, lo que lo llevó a ser tildado en su momento como «el más argentino de los escritores cubanos» —no sin razón, pues así lo demuestran los bien aprovechados años vividos en Buenos

Aires y su amistad con escritores como Witold Gombrowicz (de quien tradujo el prodigioso *Ferdydurke*) o José Bianco—.

En el poema «La isla en peso» (1943), desmontó la mitificación de Cuba con versos como «¿Qué puede el sol en un pueblo tan triste?» o aquellos en los que reniega del barroquismo característico de la literatura nacional:

> Me detengo en ciertas palabras tradicionales:
> el aguacero, la siesta, el cañaveral, el tabaco,
> con simple ademán, apenas si onomatopéyicamente,
> titánicamente paso por encima de su música,
> y digo: el agua, el mediodía, el azúcar, el humo.

Unos años después renovó la dramaturgia con *Electra Garrigó* (1948) y, con *Falsa alarma* (1949), inició la corriente del «teatro del absurdo», antecediendo con su propuesta a *La cantante calva* de Ionesco (1950), texto responsable de que el término cobrara su dimensión internacional.

En narrativa, la novela *La carne de René* (1952) describe a su protagonista como «un anormal o, si cabe peor calificativo, un excéntrico», apelativos aplicables al propio Piñera tanto por su orientación (nunca escondió su homosexualidad, por la que llegó a ser encarcelado) como por su poética, alejada del realismo socialista y del culteranismo a partes iguales. Aun así, como señala Bianco al hablar de su obra frente a la de Lezama o Carpentier, su barroquismo provenía no del estilo sino de la «acción misma» de sus creaciones (hecho recientemente apuntado por Carlos Gamerro cuando aplica la expresión «ficciones barrocas» a las obras de autores como Borges, Bioy Casares, Silvina Ocampo, Cortázar, Onetti o Felisberto Hernández).

Piñera, perteneciente a la estirpe de escritores «de cristal» frente a los de «la llama», despliega ante los ojos del lector un mundo alucinante, paradójicamente expuesto con términos exactos a través de narradores deshumanizados. Con ellos consigue llegar a delirantes alturas metafísicas y alejarse del «peso muerto» de los conflictos del siglo; de ahí que titulara *Cuentos fríos* a su primer conjunto de relatos, recalcando «Son fríos (…) porque se limitan a exponer los puros hechos».

En su literatura, la meditación sobre la carne —y su relación con dolor y placer— adquiere un papel esencial. No en vano, fue tachado de escritor masoquista debido a su interés por retratar cuerpos maltratados, contrahechos —«Cosas de cojos», «Oficio de tinieblas»—, despedazados —«Las partes», «La caída»—, canibalizados —«La carne»—. Por todo ello, si quiere asistir a un inolvidable «baile de cojos» o conocer «el infierno de una querida costumbre» adéntrese en sus textos, que encarnan como pocos aquella hermosa sentencia del poeta expresionista Gottfried Benn, según la cual «La categoría en la cual el cosmos se evidencia es la de la alucinación».

ECUADOR

Lupe Rumazo o el
pensamiento sensible

Por Mónica Ojeda

....

Lupe Rumazo (Quito, 1933). Escritora y crítica literaria. Su obra, que abarca principalmente los géneros narrativo y ensayístico, ha sido alabada por autores como Ernesto Sábato, César Dávila Andrade, Leopoldo Zea y Juana de Ibarbourou. A pesar de ello, ha pasado casi desapercibida en Ecuador.

Mónica Ojeda (Guayaquil, 1988). Autora de las novelas *La desfiguración Silva* (Premio Alba Narrativa, 2014), *Nefando* (Candaya, 2016) y *Mandíbula* (Candaya, 2018), así como de los poemarios *El ciclo de las piedras* (Rastro de la Iguana, 2015) e *Historia de la leche* (Candaya, 2020). Sus cuentos han sido recogidos en *Emergencias. Doce cuentos iberoamericanos* (Candaya, 2014), *Caninos* (Editorial Turbina, 2017) y *Las voladoras* (Páginas de Espuma, 2020). Ha sido seleccionada como una de las voces literarias más relevantes de Latinoamérica por el Hay Festival, Bogotá39 2017, y premiada con el Next Generation Prize del Prince Claus Fund 2019 por su trayectoria literaria e integrante de la lista Granta 2021.

....

Parece mentira que una de las mejores escritoras ecuatorianas del siglo XX sea desconocida para los lectores de su propio país, que se haya exiliado y viva aún en Venezuela, que no haya podido regresar a Quito, ni encontrar los lectores masivos que se merece. Parece mentira: como toda la historia de la literatura ecuatoriana y sus ausencias, sus invisibles artistas y sus obras sin reeditar. Sin embargo, Lupe Rumazo es una autora cuya literatura vive por la fuerza de su contemporaneidad, y si puedo hablar de ella ahora es porque muchos se encargaron de que su escritura continuara (pese al enorme silencio de la crítica de su época) encontrando lectores.

    Mi relación con la obra de Lupe comenzó hace relativamente poco tiempo, a través de la recomendación de Leonardo Valencia. Cuando por fin pude leerla me dolió saber que ninguno de los libros sobre literatura ecuatoriana que estudié en el grado la mencionaron; que su nombre jamás saltó en las conversaciones plagadas con nombres de escritores hombres; que nunca vi sus libros en ninguna

biblioteca, en ninguna librería. Que se trataba de una escritora brillante y conmovedora de la que yo no podía dejar de hablar pero que pocos habían leído.

Lupe Rumazo es autora de *En el lagar* (1962), *Sílabas de la tierra* (1964), *Yunques y crisoles americanos* (1967), *Rol beligerante* (1974), *Carta larga sin final* (1978), *Peste blanca, peste negra* (1988), *Vivir en el exilio, tallar en nubes* (1992) y *Los Marcapasos* (2011). *Carta larga sin final*, reeditada por Seix Barral en Colombia en el 2019, es un hermoso libro que trabaja el yo desde una zona genuina, honesta, profunda y nada autocomplaciente: una larga reflexión y estudio del interior tras la muerte de su madre. Su prosa tiene un estilo intenso, evocador, a ratos con una fuerza poética estremecedora. Parece mentira que, hasta la fecha, *Carta larga sin final* no se haya publicado en Ecuador.

Se trata de una escritora que no cree en los géneros, que es capaz de mezclarlos a favor de una escritura libre y ágil como el pensamiento y las sensaciones. Es por ello que su ficción tiene mucho de autobiografía. Es por eso que ha cultivado la novela, el cuento y el ensayo. Lo que más valoro de su escritura es la inteligencia y la sensibilidad con la que es capaz de atajar las experiencias humanas. Hay que leerla.

EL SALVADOR

Salvador Efraín Salazar Arrué (Salarrué), el canto del volcán

Por Julieta Obligado

Salvador Efraín Salazar Arrué, Salarrué (Sonzacate, 1899-Los Planes de Renderos, 1975). Artista considerado uno de los precursores de la nueva narrativa latinoamericana, y el narrador más importante en la historia de El Salvador. Trabajó en el campo de la literatura y las artes plásticas, pero ha sido su obra narrativa la más conocida, en la que destacan *Cuentos de barro* (1934) y *Cuentos para cipotes* (1945/1961). Fue creyente de la teosofía, una doctrina que influyó en su producción artística.

Julieta Obligado (Madrid, 1985) estudió Bellas Artes y Diseño Gráfico. Realizó el Máster de Edición en la Universidad Autónoma de Madrid. Trabaja como diseñadora gráfica en su estudio Julieta & Grekoff. Ha colaborado, entre otros, con el Festival de Cine Africano de Tarifa, la Universidad de Barcelona o la editorial Entre Ambos. Imparte Diseño Editorial en la Universidad Internacional de La Rioja.

Oí hablar de Salarrué por primera vez en el Máster de Edición de la Universidad Autónoma de Madrid. Nuestro cometido era editar *Cuentos de barro*, obra clave del que, según nos contaban, era un autor fundacional de la literatura salvadoreña. Desde la ignorancia, nos pusimos a leer estos cuentos fotocopiados que hasta el momento no habían sido publicados en España. Estos relatos contrastaban con su imagen de hombre blanco seductor de la década de 1930. Eran marrones y ocres, manchados de tierra, de vegetación. Estaban llenos de personajes rurales que conversaban en un lenguaje que resultaba incomprensible desde nuestro castellano peninsular. Al leerlos en voz alta, sin embargo, las letras se juntaban en el aire y el texto se volvía completo. Aquellos términos que nunca antes habíamos oído unían palabras y modificaban acentos, transcribían fonéticamente el habla indígena. Aquellas voces nos transportaban, así, a la selva o a algún poblado perdido del Cuscatlán. No entendíamos

todo, pero comprendimos que no es necesario abarcar el significado de todas las palabras para zambullirse en el paisaje y en las vidas de los personajes que habitan los relatos. El idioma y su música.

También nos cautivó de Salarrué su expresividad pictórica al contar la vida de los indios cuscatlecos al pie del volcán. En su obra, la naturaleza exuberante actúa como un personaje que arropa sus sintéticas, descarnadas y tiernas historias: el amor, la venganza, la tradición, el humor, la miseria, las contradicciones. Los cuentos de Salarrué reflejan, con la lejanía y la brevedad de una instantánea, lo cotidiano de la comunidad indígena del occidente salvadoreño poco antes de su masacre y etnocidio por parte de las autoridades. Sus textos son como una burbuja donde el tiempo se estira y se contrae, dejándonos un poso triste: el de saber que esos personajes, que parecían destinados a habitar el volcán durante siglos, ya no están.

Salarrué es todo lo que imagino al pensar en un intelectual burgués de la época. Escritor, poeta y pintor, se formó en Washington, se vio atraído por la teosofía y fue un entusiasta de los haikais japoneses, en los que se inspiró. Sin una postura política clara, ejerció como agregado cultural de El Salvador en Estados Unidos y pasó sus últimos años en su país natal, donde murió en la pobreza. Su interés por los pueblos indígenas conectaba con una sensibilidad antropológica que le venía de Europa y, sobre todo, con su profundo apego a la tierra donde había nacido y donde murió: Cuscatlán, antiguo reino indígena conquistado por los españoles en el siglo XVI y convertido en departamento de El Salvador en el XIX. Así lo expresaba él mismo:

> Yo el iluso no tengo patria, no tengo patria pero tengo terruño (de tierra, cosa palpable). No tengo El Salvador (catorce secciones en un trozo de papel satinado); tengo Cuscatlán, una región del mundo y no una nación (cosa vaga). Yo amo a Cuscatlán. Mientras vosotros habláis de la Constitución, yo canto a la tierra y a la raza.

Es cierto, al leer sus cuentos, nos encontramos un homenaje a la cultura indígena de El Salvador, pero también una dualidad fundamental. Salarrué se acerca a la cultura indígena todo lo que un intelectual blanco puede, pero el habla popular y el paisaje autóctono que describe están siempre vistos desde fuera. Además, aquellos que inspiraron sus páginas apenas habrían podido leer sus libros. A pesar de esta ambivalencia, a pesar de sus limitaciones, lo cierto es que recuperar el lenguaje oral de los cuscatlecos es reivindicar un modo de vida excluido de la literatura y de la cultura, es mostrar que este lenguaje olvidado es, también, digno de ser leído y apreciado literariamente.

Cuentos de barro se publicó en España en 2020, casi un siglo después de su primera edición en El Salvador. A través de Salarrué, tan conocido allá y tan desconocido aquí, los cuscatlecos pudieron, al fin, llegar a la península, trayéndonos su tierra, su vegetación y sus propias voces. Un privilegio.

GUATEMALA

Luis de Lión, las puertas al cielo

Por Rodrigo Fuentes

Luis de Lión (San Juan del Obispo, 1939-1984). Escritor guatemalteco secuestrado en 1984 por los servicios de inteligencia del Ejército de Guatemala y desaparecido desde entonces. Su novela póstuma, *El tiempo principia en Xibalbá* (1985), está considerada como una pieza fundamental en la narrativa centroamericana contemporánea. La Casa Museo Luis de Lión se encuentra en San Juan del Obispo, pueblo natal del escritor. Conserva su obra, exhibe sus pertenencias personales —incluyendo libros y apuntes— y mantiene la pequeña biblioteca pública que él mismo fundó, dedicada a la atención de la población infantil del lugar.

Rodrigo Fuentes (1984). Escritor nacido en Costa Rica, tiene nacionalidad guatemalteca. Recibió el Premio Centroamericano Carátula de Cuento Breve (2014). Su libro *Trucha panza arriba* ha sido publicado en Guatemala, Bolivia, Colombia, El Salvador y Chile, así como en traducción al francés y al inglés. El cuento que da título a la colección está siendo adaptado para el cine. Vive entre Providence y Guatemala.

Los hombres se pelean a machete limpio en las calles de un pueblo. El motivo de la discordia es la Virgen de la iglesia, una figura de madera con la que todos han fantaseado —«la única ladina del pueblo»— en esa tierra de indígenas. Pascual, entrañable personaje de *El tiempo principia en Xibalbá*, la visita en secreto por la noche y logra bajarla del Altar Mayor. Ya en el suelo, la Virgen renuncia a su estado celestial y ambos se abandonan a ese otro cielo, el de la carne y el placer. Desde un rincón, «San José los miraba tieso, acuernado, queriendo apagar los ojos que no podía cerrar, que tenía que mantener abiertos».

Quizás a Luis de Lión habría que recordarlo así: dando clases en una de las tantas escuelas primarias donde enseñó, y luego caminando a su casa para sentarse a escribir las líneas de esa breve y gran novela que es *El tiempo principia en Xibalbá*. El escritor kaqchikel fue maestro de niños y, a casi cuarenta años de su asesinato, es maestro de escritores. A la vez, sus textos están atravesados por una

juventud perpetua: cada palabra parece recién descubierta, tierna y no por eso exenta de risa y de dolor.

De Lión confirmó que la llamada tradición guatemalteca de narradores es una inconcebible genealogía de bichos raros. En su obra se percibe el oído privilegiado de Miguel Ángel Asturias, así como la picardía y concisión de Augusto Monterroso. El Popol Vuh —el libro sagrado de los mayas— también se conjura desde el título de su novela; Xibalbá, el inframundo que recorren a trompicones sus personajes, es con frecuencia absurdo, violento y casi siempre chistoso. El universo indígena de De Lión aparece de manera franca y directa, sin sentimentalismos. Aquí no hay lugar para la pirotecnia lírica de Asturias, ni mucho menos para el folklor de tantos cuadros de costumbres.

Una corriente erótica atraviesa a muchos de sus personajes. Las mujeres, los indios, las autoridades religiosas persiguen con curiosidad y a la vez confusión los designios de sus propios cuerpos. Nada en el mundo de De Lión es sagrado excepto, quizás, la infancia. En «La puerta del cielo», el cuento que da el título a su tercera colección, solo los niños del pueblo tienen acceso a un secreto portal en una pared derruida por un terremoto. La puerta ha sido descubierta por un niño que no solo es tuerto sino encima poeta. Durante un breve período, mágico y feliz, niños que incluso pertenecen a pandillas contrarias van juntos, abrazados como uno solo, a ingresar por esa puerta. Hasta que llega al pueblo un adulto de levita negra…

De Lión tenía una frase célebre que sintetizaba su experiencia como indígena. Decía que apenas descubrió que era indio cuando bajó de su aldea, San Juan del Obispo, a la ciudad colonial de La Antigua Guatemala. Su conciencia política aparece en varios cuentos tanto oblicua como explícitamente —con dictadores siniestros, cantinflescos y por lo tanto verosímiles, por ejemplo— pero también en su forma de jugar con el paso del tiempo y hacer saltar por los aires estructuras narrativas convencionales. Además de escribir y enseñar, se dedicó al movimiento sindicalista de maestros: organizó huelgas, participó en reuniones clandestinas, redactó folletines y documentos de denuncia. Su trabajo de hormiga durante el conflicto armado interno, en el que murieron alrededor de doscientas mil personas, no impidió que siguiera escribiendo. Sus obras parecen brotar contra todo pronóstico, como esas amapolas blancas que nacen por arte de magia entre el pedregal de Luvina.

Luis de Lión fue desaparecido el 15 de mayo de 1984. No se supo de él sino hasta quince años después, cuando su nombre apareció en el recién descubierto «Diario Militar». Su ficha y foto acompañan en ese cuaderno negro las de otras 182 personas secuestradas y asesinadas por el ejército de Guatemala. El «Diario Militar» es parte ineludible de la historia nacional, y quizás de su literatura. Aun así, son otros los libros donde ahora vive Luis de Lión: puertas que atravesamos para reír y asombrarnos, y que hacen recordar que la niñez siempre está ahí, a la vuelta de la página.

HONDURAS

Augusto Monterroso y el resto de su obra también estaba allí

Por Ana María Shua

Augusto Monterroso (Tegucigalpa, 1921-Ciudad de México, 2003). Escritor hondureño, nacionalizado guatemalteco y exiliado en México. Considerado uno de los maestros del microrrelato, mediante el cual abordó temáticas complejas y fascinantes. Su prosa es concisa, breve, aparentemente sencilla y, sin embargo, está llena de referencias cultas, a la par que demuestra un magistral manejo de la parodia, la caricatura y el humor negro. Ganó numerosos premios, entre ellos el Príncipe de Asturias de las Letras en reconocimiento a toda su trayectoria literaria en el año 2000.

Ana María Shua (Buenos Aires, 1951). Autora de novelas, cuentos y microrrelatos. Entre otras distinciones obtuvo el Premio Nacional de su país, la beca Guggenheim, el Konex de Platino y el Premio Internacional de Minificción Arreola en México. Su último libro, *La guerra*, fue publicado en Madrid y en Buenos Aires en 2019. Parte de su obra ha sido traducida a quince idiomas.

Augusto Monterroso nació en Honduras en 1921, vivió su infancia y adolescencia en Guatemala, desarrolló su obra en México. Fue un enormísimo autor de microrrelatos, pieza esencial de un movimiento que abarcaría todo el continente latinoamericano, desde México, con Monterroso y Arreola, hasta Argentina, con Borges y Bioy Casares. En 1959 se lo comió un dinosaurio. Cuando despertó, el dinosaurio todavía estaba allí, pero todo el resto de su obra había desaparecido.

¿Cómo reparar esa injusticia, colmar el hueco de esa ausencia? Quisiera transmitir a los lectores la pasión que me despiertan las pocas y perfectas letras de Monterroso. Quién sino él podría haber titulado su primer libro *Obras completas (y otros cuentos)*, donde publicó su famoso dinosaurio. Monterroso hace magia. En diez líneas es capaz de angustiarnos, hacernos reír, obligarnos a reflexionar y transmitir su ideología como solo pueden hacerlo los grandes

escritores: con ambigüedades, contradicciones y dudas. Su breve obra es demasiado grande para encasillarse en ningún credo político. No, Monterroso no cree en nada. Ni siquiera en la brevedad extrema, y allí están textos como «Míster Taylor» para demostrar que puede ser tan buen escritor en siete páginas como en siete palabras. Monterroso cree solamente en la literatura.

Y si no fue el inventor de la fábula, sin duda la reinventó para el siglo XX, como su tiempo la necesitaba: rara, loca, inexplicable. *La oveja negra y otras fábulas* está allí para probarlo. Por algo tituló su libro de entrevistas (otro género que Monterroso supo convertir en literario) *Viaje al centro de la fábula.*

García Márquez habla de «la belleza mortífera de la falta de seriedad» en su obra. Y el mismo Monterroso afirma que «el humorismo es el realismo llevado a las últimas consecuencias». Ríase el lector, pero no demasiado: sepa que en mitad de una carcajada, se va a encontrar con ese fondo de sabiduría y amargura que la buena literatura no sabe cómo evitar. Y si dudara de mis palabras, aquí va esa fusión indisoluble de opuestos en la frase final de otro de sus textos famosos, «La vaca»:

> (…) yo acababa de ver alejarse lentamente a la orilla del camino una vaca muerta muertita sin quien la enterrara ni quien le editara sus obras completas ni quien le dijera un sentido y lloroso discurso por lo buena que había sido y por todos los chorritos de humeante leche con que contribuyó a que la vida en general y el tren en particular siguieran su marcha.

Aplausos y ovaciones.

MÉXICO

Nellie Campobello, los nombres del fin del mundo

Por Socorro Venegas

Nellie Campobello (Villa Ocampo, 1900-Progreso de Obregón, 1986). Testigo y narradora de la Revolución mexicana además de precursora del *ballet* en México. Por su trabajo literario, es considerada la primera narradora moderna del siglo xx mexicano. En 1984, a sus ochenta y cuatro años, de manera súbita desapareció de los lugares que frecuentaba. En 1998, la Comisión de Derechos Humanos del Distrito Federal investigó y descubrió que Nellie murió el 9 de julio de 1986, y que había sido enterrada en el cementerio de Progreso de Obregón, estado mexicano de Hidalgo.

Socorro Venegas (San Luis de Potosí, 1972). Escritora y editora. Su libro de cuentos más reciente es *La memoria donde ardía* (Páginas de Espuma, 2019). Cuentos suyos se han traducido al inglés y francés. Ha dirigido proyectos editoriales en el Fondo de Cultura Económica. En la Universidad Nacional Autónoma de México creó la colección de novela y memoria Vindictas, que rescata la obra de escritoras del siglo xx.

Imaginen una madre que en su seno no alimenta con cuentos de hadas, sino con el parte de guerra de la Revolución del Norte de México. Una mujer que ha visto a su hombre partir sin retorno a la lucha y se queda a criar sola a sus hijos. En ese ramo de criaturas que la buscan y la siguen afianzados a su falda, está una niña: Nellie Campobello.

A Nellie le tocó crecer en un mundo de gente ocupada en sobrevivir y atajar el fuego del infierno que consumía las vidas de soldados y rebeldes, muchos de ellos apenas rozaban la adolescencia y ya tenían que sostener un paredón. Fusilamientos, tiros de gracia, cautiverios, torturas y balaceras, eran el pan de cada día. Ella fue toda ojos y oídos, atenta a las historias que le narraba su madre; sensible y sigilosa para cazar lo que no se le contaba, y también fiel a lo que sus propios ojos vieron. Por la ventana miró a los que iban a morir y a sus fantasmas; desde ahí supo cuándo, tras los combates, podía salir a la calle para conocer los saldos, como la vez que encontró a los soldados llevando en un lavamanos «algo color de rosa bastante bonito», que resultó ser las tripas del general Sobarzo; o ese fusilamiento que presenció junto a su hermana: «salieron de los treintas diez fogonazos, que se incrustaron en su cuerpo hinchado de alcohol y cobardía». El cuerpo estuvo ahí tirado tres noches, de modo que la lógica infantil dictó: «Me parecía mío aquel muerto».

Su obra literaria fue breve, pero potente, implacable, enorme, y está publicada en un solo volumen por el Fondo de Cultura Económica, ahí se pueden encontrar los libros de relatos *Cartucho. Relatos de la lucha en el Norte de México* y *Las manos de mamá*, además de su poesía y otros textos.

La ternura y la violencia dominan en los relatos de Campobello. Hay un conocimiento muy hondo de la infancia, una sabiduría de sobreviviente. Los niños de sus historias son seres marginados cuya única esperanza es crecer, transformarse: «A veces los perros y los niños son iguales. Pero los perros no cambian. La desesperación limpia, el verdadero amor, la adoración, están en sus ojos», escribió. Y bien que lo sabía Nellie, que adoró a su madre con vehemencia.

Estilísticamente, su literatura se alejó de la forma que tomaba el relato de la Revolución mexicana, su voz se singularizó frente a una narrativa costumbrista, y hay quienes consideran su trabajo precursor de lo que luego Juan Rulfo nos daría en libros como *El llano en llamas*. Nellie hizo suya cada historia que contó, todos los muertos fueron suyos y cuando los describe es como si los hubiera acompañado en su última hora: «[…] tenía los ojos tristes y miraba las flores como las mira el que ha olido pólvora hasta ahogarse».

En *Cartucho* esos muertos tienen un nombre, y esto no es solo un gesto literario o político sino profundamente humano. Campobello reivindica a esas almas anónimas y guerreras: Elías, El Kirilí, Bartolo de Santiago, Agustín García… Si trasladamos este ejercicio de justicia a nuestro tiempo, solo puedo pensar en las madres que a lo largo y ancho de México buscan en fosas comunes a sus hijas e hijos, víctimas de las violencias que nos agobian.

Quizá en *Las manos de mamá* están sus textos más entrañables. Es un homenaje a su madre y a las voces de mujeres que narraron qué hay más allá del México donde la vida no vale nada. Porque Nellie escribió, esas vidas cuentan, siguen contando.

En los relatos de este libro brevísimo está también todo lo que no le pudo decir a la madre que muere de dolor por la pérdida de su hijo más pequeño, «un angelote» de ojos azules. Qué tarea portentosa para la hija comprender y aceptar que esa vida valió más para su madre que la suya o la del resto de hermanos que quedaron huérfanos.

Aquí hay, lector, un corazón profundamente vivo y palpitante. Tómalo, léelo.

Leonora Carrington, el caballo del alba

Por Carmen Valcárcel

Leonora Carrington (Lancashire, 1917-Ciudad de México, 2011). Pintora surrealista y escritora inglesa nacionalizada mexicana. Se adelantó a su tiempo rompiendo no solo con las reglas sociales impuestas a una mujer de la primera mitad del siglo XX, sino también desafiando a las grandes figuras del surrealismo con sus decididas opiniones, talento y espíritu. Hoy en día, sus obras forman parte de las colecciones del MoMa de Nueva York, la Tate Gallery en Londres, la colección Peggy Guggenheim en Venecia y el Museo de Arte Moderno de Ciudad de México. Además, sus esculturas de cobre iluminan el paisaje urbano de varias ciudades mexicanas. En 2018 abrió el Museo Leonora Carrington, un espacio dedicado a su obra.

Carmen Valcárcel (Madrid, 1962). Catedrática de Literatura Española en la Universidad Autónoma de Madrid. Ha publicado monografías y artículos sobre Literatura y Arte, desde una perspectiva comparatista; también sobre la literatura del exilio republicano español y la narrativa contemporánea, con especial atención a los géneros del cuento y del microcuento y a la literatura de autoría femenina. Sus trabajos se sitúan en las fronteras, en los exilios, en los márgenes, como espacios fecundos de diálogo y de iluminación.

Leonora enciende un cigarrillo, sonríe y confiesa: «Tuve una vida aburridamente normal». Esa «aburrida» vida comenzó en el seno de una aristocrática familia inglesa de Lancashire, que la educó en la equitación, el piano y la esgrima, aunque siempre huyó, ya desde pequeña, de las normas y ataduras de esa sociedad convencional. Fue expulsada de varios internados religiosos por considerarla indócil, con tendencias sobrenaturales e incluso retrasada mental, pero consiguió rodearse de numerosos «amigos» en el zoológico, que visitaba con frecuencia: «el animal que mejor llegué a conocer fue a una hiena joven… Le enseñé a hablar francés y a cambio ella me enseñó su lenguaje» («La debutante»). También adoraba a los caballos, tanto a su balancín de madera, Tártaro («La dama oval»), como a su poney Black Bess y a su yegua Winkie, «porque yo sé que soy un caballo, por dentro soy un caballo».

Con veinte años, Leonora se marchó a París para vivir con el pintor surrealista Max Ernst, veintiséis años mayor que ella, siendo repudiada por su padre: «Tu sombra no volverá a ensombrecer mi puerta». En 1938, la pareja se instaló en una granja de Saint-Martin d'Ardèche, que decoró con grandes esculturas, como iconos desafiantes contra «exesposas molestas, padres hostiles y surrealistas autoritarios». Sin embargo, ninguno de esos tótems pudo protegerla del horror que se avecinaba. Las crisis nerviosas tras la detención de Max, el miedo a los nazis y a la guerra, la huida por los Pirineos —«donde todo olía a muerte»— y el vagabundeo errático por Madrid fueron la antesala de una angustia mayor y la lúcida constatación de su desvalimiento y fragilidad: «De repente me di cuenta de que era mortal y vulnerable y podía ser destruida». Leonora se rompe y su familia decide internarla —para una eufemística «cura de reposo»— en la clínica del doctor Morales en Santander, donde es tratada con fuertes dosis de cardiazol. Ese descenso al abismo de la locura y la epifánica revelación y huida darían lugar a sus estremecedoras *Memorias de abajo*; una obra de catarsis personal y creadora, que conjura sueños, visiones, delirios, alucinaciones…, bajo la apariencia de una aventura esencial y mística hacia el Conocimiento. La escritura de Leonora se erige como liberación de la experiencia vivida y como descubrimiento de una realidad oculta, bucea en los sueños y en el inconsciente, transita los espacios poéticos de la demencia y se rinde a los instintos.

Leonora consiguió escapar de ese infierno, llegar a Lisboa (donde se casó con el periodista y poeta mexicano Renato Leduc), viajar a

Nueva York e instalarse definitivamente, en 1942, en México, donde, tras el divorcio de Leduc, se casó con el fotógrafo húngaro Emérico Ckiki Weisz, con el que tendría dos hijos (en la vida de *Chiki* se basó para su relato «La puerta de piedra», y a sus hijos dedicó los cuentos y dibujos de *Leche del sueño*). A partir de entonces, decidió velar su vida privada con una capa de rareza y silencio, a fin de ponerse y quitarse a voluntad «la máscara que va a ser mi escudo contra la hostilidad del conformismo».

En México, Leonora encontró su refugio junto con un grupo de exiliados como ella: Esteban Francés, Walter Gruen, Gunther Gerzso, Kati y José Horna, Wolfgang Paalen... y su gran amiga Remedios Varo (Marion Leatherby y Carmela Velásquez en *La trompetilla acústica*). Ambas idearon toda clase de rituales maravillosos,

fantasías culinarias, disparatados juegos literarios (como sus famosas cartas a desconocidos seleccionados al azar de la guía de teléfonos) y divertidas farsas escatológicas (como *El Santo Cuerpo Grasoso*, aceite milagroso que, aplicado en los glúteos, separa el alma del cuerpo, permitiendo conocer la forma del alma de quien se somete al tratamiento). Estas «diosas blancas» convirtieron la cocina en un laboratorio alquímico en el que realizar, con humor e imaginación, procesos mágicos y transformadores, en una propuesta claramente lúdica, transgresora y subversiva del espacio doméstico.

Leonora creía que el mundo alberga, más allá de su materialidad física, cualidades misteriosas y mágicas. Los mitos y leyendas celtas que avivaron su imaginación en la niñez encontraron pronto su eco en las tradiciones ancestrales indígenas, en los mitos prehispánicos, en las costumbres autóctonas de México, un país para ella tan extraño como fascinante. Ese sincretismo cultural, unido a su interés por corrientes esotéricas y místicas, crea un espacio alternativo, habitado por seres fantásticos, criaturas híbridas, personajes insólitos, monstruos protectores. Tal variedad de tradiciones se despliega en un universo críptico y simbólico en continua fusión y metamorfosis, que alumbró y enriqueció el arte mexicano del siglo xx, aunque Leonora no dejara de ser esa «artista inglesa excéntrica».

María Luisa Elío, las ventanas del tiempo

Por Juan Casamayor

María Luisa Elío (Pamplona, 1926-Ciudad de México, 2009). Escritora del exilio republicano español en México. En la década de 1950 colaboró en varias películas de época y publicó cuentos en diversos medios. Su carrera literaria comenzó en México, donde pasó gran parte de su vida. Sus textos fundamentales relatan la experiencia de la extranjería obligada, el exilio que la dejó sola de un lado y de otro del océano.

Juan Casamayor (Madrid, 1968). Filólogo y editor. En 1999 funda la editorial Páginas de Espuma, referencia en el género del cuento. En 2017 la editorial fue merecedora del Premio Mérito Editorial que otorga la Feria Internacional del Libro de Guadalajara (México) y en el año 2019 recibió el Premio Mejor Labor Editorial Cultural que concede el Ministerio de Cultura de España. Imparte clases en diferentes espacios docentes de edición y escritura creativa.

Para Socorro Venegas, que ama las ventanas.

Una niña desmonta un reloj junto a la ventana. Parece desentrañar su anatomía: «¿Por qué no me lo habíais dicho antes lo que era el tiempo? "Mira niña, esto es el tiempo"» —las citas proceden del libro *Tiempo de llorar y otros relatos* y de la película *En el balcón vacío*—.

Sin querer, esa niña detuvo el tiempo entre las paredes del primer hogar, el de la infancia, el que nunca se abandona. Esta escena pudo ocurrir a mediados de julio de 1936 en Pamplona, diez años después de su nacimiento. Ese verano un golpe de estado fascista provoca la guerra civil española y fractura familias y las personas mueren y desaparecen. Y en la niña desata «un miedo tan grande que no le dejaba moverse. ¿Qué haría la niña con ese miedo que le pesaba tanto?». El itinerario de un exilio dibuja un camino de ida sin regreso. María Luisa Elío, junto con su madre y sus hermanas, dejó atrás una casa, un padre desaparecido, un país, un tiempo. Como miles de exiliados conoce las penurias de la otra vida que se va construyendo para suplantar a la primera: «Irme de una vida, casi de toda una vida […], porque sé que ahora la mirada tan sólo va a servir para borrar». El viaje a México a través de una Francia inhóspita, y que sin embargo permitió en 1938 el reencuentro con un padre fantasma, modeló la memoria que nunca habría de olvidar. La memoria del exilio es el territorio que le atrapa inexorablemente y teñirá su voz de melancolía y de nostalgia. El destino a otro continente acelera la ruptura familiar. Su madre muere en su huida de un manicomio: «Yo grito, grito y no sale un solo sonido de mi boca. […] la sangre cae sobre mi cara, hay un enorme túnel…». Sin embargo, esa otra vida le ofrece estudiar teatro y trabajar en algunos largometrajes, participar en el teatro de vanguardia o mantener un diálogo creativo con el momento y con los protagonistas que le tocó vivir.

De ambas existencias escindidas por un exilio resulta una escritura que surge de la forma breve, del cuento, del poema en prosa o del apunte, pequeñas historias elaboradas con una poesía inigualable por su tensión conmovedora y su hechura simbólica. Su obra es el testimonio de una disolución del tiempo, de la memoria, del espacio, de una vida tejida sobre otra. En sus dos obras, *Tiempo de llorar* (1988) y *Cuaderno de apuntes* (1995), los relojes y los calendarios se detienen, se emborronan («Y después no hay, ya no hay tiempo contado, sólo hay tiempo que pasa»), la mujer nunca deja de ser la niña de Pamplona («En aquellos días en que ocurrió, aún era yo muy niña, qué diera yo por ser tan niña ahora, si es que acaso he dejado de serlo») o la memoria se anula («En ese momento en el que no me acuerdo que viví y que tuve memoria, ¿cómo me acuerdo de que no me acuerdo?») y en el espacio habita la «gente que ha muerto» («Y ahora me doy cuenta que regresar es irse»). El mundo literario de Elío es una constante proyección intimísima, una convergencia, un ir y volver sobre el mismo punto de partida de la infancia y la muerte. Quizá la expresión de ese mundo sea la real, la necesaria, la que confiere de vida al balcón vacío de la niñez: «He vivido en el mundo de mi propia cabeza, el verdadero mundo quizá, y contando poco con el mundo exterior».

El eco de ambos textos resuena en el documental *En el balcón vacío* (1962), una pieza magistral sobre el desarraigo, la incapacidad y la búsqueda de los exiliados que está encabezado por la única dedicatoria que debe recordarse: «A los españoles muertos en el exilio». Elío escribió el guion original y los diálogos y protagonizó su segunda parte. La fotografía en blanco y negro, la banda sonora que

conjuga melodía angustiosa y silencios, la fragmentación y la narración eminentemente literarias le revisten de una hondura llena de dolor e impotencia. Poco importa que las calles de Pamplona sean de la Colonia Condesa o que los guardias civiles poco tengan de españoles. Los fotogramas finales ahogan a la protagonista y al espectador —como al lector de *Cuaderno de apuntes*—. El grito de la niña, de la mujer, se impone: «¡Venid a jugar conmigo! ¡Ayudadme!». Es tarde para ser escuchada. El balcón está vacío y el tiempo se ha roto y las piezas no encajan. Es el grito de alguien que se tortura («¿Por qué he crecido tanto?»). Es el exilio y su final. María Luisa Elío murió en 2009 en México, donde también «hacía frío, pero el aire era otro; los ruidos, las voces, los anuncios», donde «las ventanas del cuarto están abiertas y el olor del jardín entra a través de ellas», donde también las voces susurran «¡Anda!, deja de llorar. Pero di algo, ¿qué te pasa?».

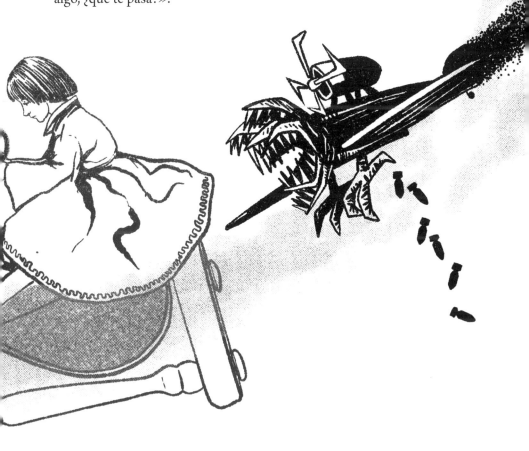

Elena Garro, la otra cara del *boom*

Por Camila Paz

Elena Garro (Puebla, 1916-Cuernavaca, 1998). Guionista, periodista y escritora. Durante su carrera literaria, se la catalogó como precursora del realismo mágico, término que despreció por considerarlo una etiqueta mercantilista. En sus relatos, escribió sobre temas que trastocaban a la sociedad mexicana de la época, como la marginación de la mujer, la libertad femenina y la libertad política; este último destaca en su obra teatral *Felipe Ángeles*, cuya figura literaria se ha considerado un símbolo libertario.

Camila Paz (Madrid, 1980) estudió Filología Clásica en la Universidad Complutense de Madrid, donde también realizó estudios de doctorado. En la Universidad Autónoma de Madrid se especializó con el Máster UAM Taller de Libros. Es editora, imparte y coordina talleres de escritura creativa en diversas instituciones, actividades que combina con la docencia de lenguas clásicas y literatura.

Hace algunos años, en una librería del centro de Madrid, encontré en la mesa de novedades un libro de Elena Garro con una faja que la definía así: «Mujer de Octavio Paz, amante de Bioy Casares, inspiradora de García Márquez y admirada por Borges». Que una autora de la década de 1960 fuera una novedad me resultaba, cuando menos, curioso, y la semblanza a través de los hombres que la rodeaban y no de su obra me indignó. Hice una foto y la subí a una red social.

Había escuchado el nombre de Elena Garro en el ámbito universitario. Leí, asombrada primero por mi desconocimiento y después por el magnetismo de su voz, *Los recuerdos del porvenir*, una obra que ya explora el realismo mágico cuatros años antes de la aparición de *Cien años de soledad*. No la pude conseguir en España (y no hace tanto tiempo) así que tuve la sensación de estar accediendo al mundo de una autora opacada por los grandes hombres de su época. Lo siguiente fue caer sin remedio en los cuentos de *La semana de colores*, en su imaginación rayana en lo onírico, en la miseria, en la mirada aparentemente infantil de dos niñas que observan desde

los márgenes: el campo (también la ciudad), el mundo indígena, el deseo, la complejidad de ser mujer en un mundo de hombres.

«Estoy y estuve en muchos ojos. Yo solo soy memoria y la memoria que de mí se tenga», dice el narrador, la ciudad de Ixtepec, en una de sus novelas. Qué frase irónica, pienso, para una escritora que podría haber sido la gran autora del *boom,* un *boom* que, por otra parte, siempre excluyó a las mujeres.

Abro el ordenador, entro a la red social, la foto del cintillo se comparte a una velocidad abrumadora. Entonces observo en la distancia cuánta polémica desata la figura de Garro, lo difícil que es comprenderla cabalmente. Los adjetivos llueven sobre su imagen: loca, rencorosa, frívola, apátrida, feminista, antifeminista, activista, delatora, maldita al fin, las posturas en torno a su personalidad la oscurecen y mitifican. En el vórtice del dilema, dos fuerzas la absorben y la expulsan como un géiser: su matrimonio con Octavio Paz y su controvertida actitud durante la matanza de los estudiantes de Tlatelolco de 1968.

Luego empieza la fuga: no la aceptan en Nueva York, así que regresa a México y vive en la clandestinidad, vuela a Madrid, logra la nacionalidad española (nunca obtuvo la mexicana), de nuevo Estados Unidos, y así hasta anotar en su agenda ochenta y seis direcciones distintas, ochenta y seis vidas posibles con las que huir de sí misma, de quién sabe qué. Después de más de veinte años de exilio autoimpuesto, Elena Garro regresa a Cuernavaca y muere prácticamente sola.

La torpe redacción de la faja del libro llega a México y, al menos por unas semanas, Elena se hace viral. Como una muestra de demorada justicia, el sello retira el cintillo que negaba su luz propia.

Jorge Ibargüengoitia, nuestro escéptico de guardia

Por Antonio Ortuño

Jorge Ibargüengoitia (Guanajuato, 1928-Mejorada del Campo, 1983). Escritor y periodista. Considerado uno de los más agudos e irónicos de la literatura hispanoamericana y un crítico mordaz de la realidad social y política de su país. Su obra abarca novelas, cuentos, piezas teatrales, artículos periodísticos y relatos infantiles. Falleció cuando se estrelló el vuelo 11 de Avianca en 1983 cerca de Madrid (España).

Antonio Ortuño (Zapopan, 1976). Narrador y periodista. Ha obtenido el Premio Internacional de Narrativa Breve Ribera del Duero, el Premio de Cuento Hispanoamericano Nellie Campobello y el Premio Cuatrogatos de literatura juvenil. Sus obras se han traducido a media docena de idiomas. Es columnista en la edición americana del diario *El País*. Su novela más reciente es *Olinka* (2019).

La obra y figura de Jorge Ibargüengoitia guardan una singularidad que mueve al entusiasmo. El rasgo más notable de esa peculiaridad es su prosa, implacable en la sátira y la ironía, y, a la vez, diestra en la creación de espacios y atmósferas. Pero también importa su condición de desmarcado, de conciencia autónoma y al margen de los ires y venires del calenturiento siglo XX latinoamericano. Imposible confundir a Ibargüengoitia, por estilo o posturas, con los santones literarios de su época. Fue el escéptico de guardia en un mundo de militantes de un bando o de otro.

Conocí los libros de Ibargüengoitia a finales de la década de 1980, siendo yo un chamaco. Mi hermano compró en el supermercado la novela *Estas ruinas que ves*, una mezcla de comedia sentimental (y sexual) de enredos, *roman à clef* sobre la intelectualidad de provincias, y nostálgica evocación de una capital regional y sus pequeñas mitologías. Vi a mi hermano riéndose a carcajadas al leer, así que tomé el ejemplar del estante en cuanto él lo dejó. Y algo cambió mi vida. Ese libro (y los que vinieron, porque me lancé a conseguir todo lo que pude del autor hasta completar su bibliografía) me demostró que México era un escenario literario espléndido,

desperdicio
aire
mata
avión
tránsito
prensa
sueño
ave
pan
fin

que el lenguaje coloquial podía ser la pasta de la gran literatura, que la mordacidad era una forma de estar en el mundo. Nunca me he sentido tan en casa leyendo a nadie más.

Importa, pues, Ibargüengoitia y todo lo que escribió: su dramaturgia, que evolucionó del costumbrismo al vanguardismo y la sátira; sus novelas históricas, desmitificadoras frontales de las epopeyas patrias; sus hilarantes «divertimentos» policíacos; sus compilaciones de crónicas y artículos, repletos de autoironía y agudeza y de un lenguaje personal que se ubica en el extremo opuesto de las torpezas y los énfasis rituales del periodismo escrito.

En fin: *Las muertas* (elogiada por Salman Rushdie) es una de las grandes novelas criminales de nuestro idioma y una de las primeras que escarban en la porquería social detrás de los feminicidios latinoamericanos. Los relatos de *La ley de Herodes* son pura comedia negra autoficcional. Y podría seguir así, libro a libro, apilando elogios.

Ibargüengoitia murió demasiado pronto, en un accidente de avión en 1983. Con él se perdió el manuscrito de una novela, *Isabel cantaba*, sobre el mundillo del cine, del que solo quedaron fragmentos tecleados a máquina y luego descartados, primeros bocetos de algo irrecuperable. Me parece que somos legión los lectores que extrañamos a Jorge y soñamos, a veces, con que hubiera completado aquella novela, ahora imposible.

EL VIAJE

Armando Victorio Minguzzi

Armando Victorio Minguzzi (Buenos Aires, 1964). Doctor en Literatura Española e Hispanoamericana por la Universidad Autónoma de Madrid. Es profesor de Literatura Española Moderna y Contemporánea de la Universidad de Buenos Aires y de Narrativa Audiovisual en la Universidad Nacional de Moreno. Ha publicado artículos y participado en libros sobre literatura rioplatense, latinoamericana y española, especializándose en el estudio de revistas culturales y literarias. Su último libro, *Contra toda autoridad*, es una compilación de literatura anarquista del Río de la Plata hecha en colaboración.

Resulta curioso constatar que, desde el origen, la literatura latinoamericana está marcada por los viajes. A partir de la experiencia llamada «Conquista» Colón, Bernal Díaz del Castillo o Cortés pin-
tan las primeras imágenes de un continente visto desde fuera, con
sus choques culturales y lingüísticos, donde se fuerza el lenguaje
propio para decir lo nuevo y se instaura un mirar desplazado que
terminará por constituir un elemento importante de la literatura
latinoamericana. Viajeras, exploradores y científicos se sumarán a la
experiencia, dejando constancia de la emoción del paisaje, entre
ellos podemos mencionar a Humbolt, Darwin, o la francesa de ascendencia peruana Flora Tristán.

A partir del siglo XIX la travesía se invierte y son los latinoamericanos, en su búsqueda de sociedades modernas, quienes se dirigen

a Europa o Estados Unidos. El argentino Sarmiento, o el colombiano José María Samper son claros ejemplos de esa mirada liberal y anhelante de modelos políticos y sociales. Llegarán también las narrativas de los exilios, hijas de este siglo violento y convulso. En un doble movimiento complejo y curioso, los exiliados pasarán a constituir la base de los heroicos parnasos literarios nacionales.

En el último tramo del siglo XIX y comienzos del XX, con el modernismo a la cabeza, otros desplazados contribuirán al proceso de construcción de la autonomía literaria latinoamericana. Uno de sus

precursores, el cubano José Martí, impone, a partir de su exilio en Nueva York, una renovación de la crónica que surge de su participación en la prensa y Juana Borrero, también cubana, exiliada en Estados Unidos, consolida esa renovación estética. Otros grandes viajeros del momento serán el nicaragüense Rubén Darío, el guatemalteco Enrique Gómez Carrillo, la peruana Clorinda Matto de Turner, o el mexicano José de Vasconcelos.

Llegarán por fin las vanguardias, y su búsqueda de un horizonte internacional, con autores como Vicente Huidobro o Magda Portal, de los viajes de César Vallejo surge, por ejemplo, *España, aparta de mí ese cáliz*, escrito en plena Guerra Civil. Mención aparte merece el joven Borges y su papel en torno a la resignificación del ultraísmo en América Latina.

Los tiempos cambian, y el deseo de comercializar la obra o de ser visto desde fuera se convertirá, también, en un motor para el viaje. Están los escritores del *boom*, o Julio Cortázar, quien pasó de ser emigrante a exiliado sin moverse de París y tantos otros, que formaron parte de las universidades norteamericanas o europeas, como Ricardo Piglia o Sylvia Molloy, y que enriquecieron, sin duda, dos geografías.

Los viajes no terminan aquí, las crisis políticas y la violencia, las debacles económicas siguen siendo un motor y en los últimos años se ha definido una generación de naturaleza híbrida con difícil asimilación tanto en las literaturas nacionales como en aquellas donde el escritor eligió residir. Cómo olvidar a Juan Carlos Onetti o a Roberto Bolaño, cuya poética mestiza inaugura una manera de pensar la literatura.

En la actualidad, escritores y escritoras jóvenes se desplazan hacia territorios donde el marco académico facilita su promoción y también hacia ciudades que son sede de las grandes empresas literarias. Así conviven generaciones de desplazados con motivaciones a veces contrapuestas, porosas y de difícil encaje en los marcos nacionales. Así, también, la literatura desestabiliza las fronteras y se enriquece con los dobles vínculos.

NICARAGUA

Carlos Martínez Rivas, un desconocido que anda por ahí

Por Erick Blandón

Carlos Martínez Rivas (Ciudad de Guatemala, 1924-Managua, 1998). Poeta nicaragüense. Su poesía rebosa originalidad, sobriedad, consistencia, un preciso dominio del idioma, el rechazo deliberado a la impostura del «vasto mundo plástico, supermodelado y vacío», imaginación y belleza. En 1984 obtuvo el Premio Nacional Rubén Darío, con el libro *Infierno de cielo*, que no permitió en vida que fuese publicado. Tuvo a su cargo una cátedra con su nombre en la Universidad Nacional Autónoma de Nicaragua (1991 y 1993), donde expuso sus trabajos críticos sobre literatura y artes plásticas.

Erick Blandón (Matagalpa, 1951). Poeta y narrador, crítico literario y cultural, y guionista de cine documental. Máster en Escritura Creativa por la Universidad de Texas, El Paso, y doctorado en Literatura por la Universidad de Pittsburgh. Ha publicado los libros de estudios culturales *Barroco descalzo* (Uraccan, 2003), *Rubén Darío: un cisne entre gavilanes* (URUK, 2016). Es autor de la novela *Vuelo de cuervos* (Alfaguara 2017). Editó *Juan Aburto. Cuentos completos* (Hispamer, 2018). Guionista de los documentales *Como los sinsontes de las cañadas* (2014) y *Sergio Ramírez. La herencia de Cervantes en Centroamérica* (2019), dirigidos por Iván Argüello L. Es profesor de Literaturas Hispánicas en la Universidad de Misuri-Columbia.

Carlos Martínez Rivas, desde sus años de colegio fue objeto de la admiración de sus maestros y condiscípulos por la gracia y esplendor verbal de sus primeros poemas. De Nicaragua salió en 1945 con el aura de poseer un don único del que, según decía su contemporáneo, el joven Ernesto Cardenal, ni Rubén Darío tal vez había gozado. Charles Baudelaire fue su modelo y siguiéndolo a él vio la ciudad europea, norteamericana o centroamericana como el lugar de la poesía moderna, en ellas —después de un largo periplo de juventud interpelando las superficialidades del confort y las convenciones burguesas— elige en su madurez el abismo y la derrota para dar sentido y coherencia a su vida y a su obra, en la que destacan sus imágenes pictóricas o metapictóricas, el ritmo y la precisión.

Cierto, anhela la perfección y el dominio de la palabra exacta, pero el lugar de la palabra en su lenguaje se halla en el bosquejo de

una poesía que debe decir quién es el ser humano. Su poética, con frecuencia, apunta hacia el sujeto desgarrado y anónimo de la modernidad, a los que habitan en los márgenes, y en busca de ellos desciende a los infiernos despojado de esperanza. Se trata de un lirismo radical, diáfano, pero rodeado de noche y de los claroscuros que circundan los bordes de donde procede. Recusando lo grandioso de «El mundo plástico, supermodelado y vacío. / Como un infierno ocioso» del que habla en su poema «Retrato de dama con joven donante», fue hostil a la tradición y construyó en solitario

un punto de vista cuestionador, transgresor y lleno de pesimismo con respecto a los grandes pilares de la cultura occidental; y desde ese ángulo interpela al mundo en el que lo humano, la Existencia son prescindibles.

Fue el gran deseado de las futuras celebridades de América Latina que, como Octavio Paz, Elena Garro y Julio Cortázar, deambulaban por París entre las décadas de 1940 y 1950, pero huraño a los cenáculos prefirió cultivar, sin concesiones al éxito, su otredad salvaje esquivando los reconocimientos, aunque manteniendo cierta contradictoria cercanía con las gentes de poder. Su mundo estaba en los bulevares de París, en las tabernas o en las casas con chicas y luz roja de Madrid, en el banco de un parque en México, en los museos de New York o Los Ángeles, en los cuartos de hoteles baratos en San José de Costa Rica, en los tugurios de Granada o en los arrabales de Managua, sumergido en el alcohol. A su país de origen regresa a mediados de los setenta para acercarse al sepulcro en el que fue depositado más de veinte años después.

Su único libro publicado en vida, *La insurrección solitaria* (México, 1953), no circuló sino entre sus amigos y allegados, hasta que veinte años después una editorial universitaria lo reeditó en San José de Costa Rica, agregándole su extenso poema de adolescencia, «El paraíso recobrado», pero aun así siguió siendo ignorado entre el gran público del mundo de habla hispana, porque sus poemas nada más circulaban en revistas para iniciados o de tirajes muy bajos o por la deficiente comercialización de libros que aún padece el istmo centroamericano. Así que por cincuenta y cuatro años sus admiradores esperaron que el poeta les entregara la obra maestra, mientras su negativa a publicar un nuevo libro daba pie a la maledicencia de los detractores que apostaban a que no hubiera tal, porque no sería capaz de superar la perfección de *La insurrección solitaria*.

En 2007, casi una década después de su muerte, se anunció en Managua la publicación de sus obras completas, en un volumen de más de seiscientas páginas, que incluía las colecciones de poemas reunidos bajo los títulos: *Allegro irato I*, *Allegro irato II*, *Adenda/ Juvenilia*, *Traducciones y versiones*, además de los ya citados *El paraíso recobrado*, y *La insurrección solitaria*; que fue la confirmación de que con los años su poesía había superado, de más en más, toda expectativa. Pero su circulación, de nuevo, fue nula por razones burocráticas y descuidos editoriales. Otro intento de publicar en España una antología suya fue cancelado por el Gobierno de Nicaragua —presidido por Daniel Ortega y Rosario Murillo— que custodia los derechos, opuesto a que fuera prologada por el escritor Sergio Ramírez. Así, aunque a raíz de su muerte se han sucedido los homenajes y estudios críticos en revistas de Europa y las Américas, el mito del gran desconocido de la poesía hispanoamericana sigue vivo.

PANAMÁ

Rogelio Sinán, el desconocido insomne

Por Consuelo Tomás Fitzgerald

....

Rogelio Sinán (Taboga, 1902-Panamá, 1994). Escritor vanguardista. La obra que le dio a conocer fue la colección de poemas *Onda* (1929). Con ella, rompe con la estética del modernismo e inicia el vanguardismo en Panamá. En su vertiente poética, su obra sufre una evolución que va desde la inicial poesía pura, pasando por el surrealismo, hasta llegar a la autobiografía. En la narrativa, es autor de relatos breves de temática psicológica y sexual. Actualmente se entregan tres premios literarios en su honor.

Consuelo Tomás Fitzgerald (Isla Colón, Bocas del Toro, 1957). Escritora y comunicadora social. Ganadora del Premio Nacional Ricardo Miró en poesía, cuento, novela y una mención en teatro. Parte de su obra ha sido traducida al inglés, francés, holandés, sueco, alemán, rumano, portugués, macedonio y bengalí. Ha publicado siete libros de poesía, tres de cuento, una novela y un texto dramático. En 2020, ganó el Concurso Municipal de poesía León A. Soto con el poemario *Breve recuento de sucesos*.

....

Taboga es una islita encallada en el Pacífico, a una hora de la ciudad de Panamá. Tal vez no la encuentres en el mapa. En ese lugar enigmático que se hace llamar «la isla de las flores» nació Bernardo Domínguez Alba cuando aún el país era un abandonado departamento de Colombia. El que sería el escritor más importante de este istmo *pro mundi beneficio* se convertiría en el Rogelio Sinán de todos nuestros santos y demonios literarios.

Lector impenitente de la literatura del mundo, admirador furibundo de los clásicos griegos, Boccaccio y Dante; viajero y conocedor de placeres y paisajes, contestatario discreto de los poderes omnímodos, llegaría en la segunda década del siglo XX a inaugurar la primera vanguardia panameña y darle un giro de rosca a la poesía que se escribía por esos días en el *puente del mundo*, con un inquietante librito titulado *Onda* (1929) en el que deja ver lo que, si no se torcían los destinos, llegaría a ser.

Lo que no sabía el propio Sinán es que, lo más probable, todo lo que hizo en las letras antes de 1977 era apenas un entrenamiento

para ese portento de novela que ganó ese año el Premio Ricardo
Miró (el premio más importante de las letras panameñas). Inició su
escritura en la década de 1930 pensando en un cuento que crecería
a pesar de sí mismo, anotando, documentando, clasificando, obser-
vando, rompiendo y volviendo a construir ese magnífico edificio
cuasi catedralicio solo posible para quien se entiende profundamente con el oficio de escribir y asume sus consecuencias.

La isla mágica (1979) consta de cien cuentos repartidos en diez
decálogos, emulando su tan gozado *Decamerón* (Boccaccio, 1313-
1375). Algo inédito en la literatura panameña. Un modelo para ar-
mar, antes que Cortázar lo pensara siquiera, porque los cuentos
pueden ser leídos de modo individual y se constituyen en un universo propio, pero conectados de manera magistral, para hacer de
sus seiscientas y pico de páginas, un mundo integrado y completo.

Casi todos los elementos de su obra cuentística, poética, ensa-
yística y teatral están allí. Mezcle usted mitos griegos, preceptos bí-
blicos, arquetipos judeocristianos; añádale ritos africanos, cantos

indígenas, platillos chinos, manuales indostanos del buen sexo. En un recorrido que abarca varias generaciones, vemos pasar los acontecimientos del mundo, amarrados inevitablemente a la historia panameña en un hilo conector impresionante. Si a esto le agrega el lenguaje manejado como una sinfonía clásica en tiempo tropical donde están todos los dichos, refranes, oraciones, ensalmos, palabras sucias y domingueras, Siglo de Oro español y esperanto popular. Salpique todo con una buena dosis de sexo salvaje y no tanto y buen humor rodeado de mar y exuberancia. La estirpe de Juan Felipe Durgel, Don Juan del trópico que las quiere a todas y al que todas quieren, un clan maldito por los decentes y bendecido por la naturaleza.

La isla mágica es una novela que puede codearse con los *Cien años de soledad* de García Márquez, o *El siglo de las luces* de Alejo Carpentier sin ningún problema. Pero haber nacido en Panamá le cobró a Rogelio Sinán una diferencia que ojalá pueda subsanarse algún día.

PARAGUAY

Augusto Roa Bastos, la voz mítica, la palabra auténtica

Por Carmen Alemany

Augusto Roa Bastos (Asunción, 1917-2005). Escritor, periodista y guionista. Considerado como el autor más importante de su país y uno de los más destacados en la literatura latinoamericana. Ganó el Premio Cervantes en 1989 y sus obras han sido traducidas a, por lo menos, veinticinco idiomas. Producida en su mayor parte en el exilio, la obra de Roa Bastos se caracteriza por su retrato de la realidad del pueblo paraguayo a través de la recuperación de la historia de su país, la reivindicación de su carácter de nación bilingüe y la reflexión sobre el poder en todas sus manifestaciones, tema central de su novela *Yo el Supremo* (1974).

Carmen Alemany (Pego, 1964). Catedrática de Literatura Hispanoamericana de la Universidad de Alicante (España). Fue directora del Máster de Estudios Literarios de la citada universidad, del Secretariado de Relaciones con América Latina y del Centro de Estudios Literarios Iberoamericanos Mario Benedetti. Ha publicado una veintena de libros, más de noventa artículos sobre literatura latinoamericana y otros sobre literatura española del siglo XX y ha sido editora de varios números monográficos en revistas. En la actualidad es la directora de la revista *América sin Nombre* y de la colección Cuadernos de América sin Nombre

Uno de los autores que logran remover mis fibras sensibles como lectora es el paraguayo Augusto Roa Bastos. Decía el crítico uruguayo Fernando Aínsa que nuestro escritor «forma parte con José María Arguedas en Perú, Agustín Yáñez y Juan Rulfo en México y Miguel Ángel Asturias en Guatemala, de los autores que recuperan con voracidad antropológica y rigor estilístico la "voz" mítica y la "palabra auténtica" y muchas veces sofocada de los pueblos aborígenes americanos». Y me quedo y resalto la «voz» mítica y la «palabra auténtica» porque creo resumen la esencia de una escritura que surge de otros vaivenes a los que no estamos acostumbrados. Con *Hijo de hombre* (1960) y *Yo el Supremo* (1974) —para mí las obras cumbres de este escritor y que deben formar parte del séquito de las grandes novelas latinoamericanas del siglo pasado—, Augusto

Roa Bastos nos ha ofrecido una nueva mirada a lo literario con un inédito logos.

Si bien cada una de las novelas citadas me atrae por diferentes motivos, pues en esencia son ficciones disímiles, hay en particular un denominador que para mí es el sello que marca la diferencia, y es la creación de un lenguaje nítidamente personal. Augusto Roa Bastos impregna de oralidad sus textos, una oralidad que se nutre del sustrato guaraní: se escribe desde la lengua española pero las resonancias provienen del guaraní, que es la lengua evocada, consiguiendo la «guaranización» de la lengua española que además se sustenta de un acendrado lirismo.

De las dos novelas citadas, repararé en *Yo el Supremo* por su peculiar uso del lenguaje; y casi a la par la magistral estructura, las asombrosas tácticas, las múltiples máscaras que como lectores tenemos que ir desprendiendo. Nuevamente la historia del Paraguay se perpetúa en la novela, pero también la intrahistoria, aunque el punto de mira son las veleidades del poder absoluto; en este caso a través de la figura de Gaspar Rodríguez de Francia. Roa Bastos logra algo tan difícil de conseguir como lo es dilucidar las posibilidades de la novela dentro de la propia novela. Me fascina la habilidad de engarzar, fusionar, concentrar, hacer convivir en perfecta armonía el poder omnímodo de un dictador y que ello concuerde con el poder absoluto de la narración. Estamos ante una máquina perfectamente engrasada en la que para hacer evidente la decadencia de la magna autoridad, con todas sus contradicciones y maldades, Roa Bastos crea la figura complejísima del Supremo cuya representatividad oscila entre la primera y la tercera persona; y como satélites, el compilador o el secretario Patiño que van desenmascarando los discursos del poder. Unos discursos que se tejen a través de contradicciones, paradojas y retruécanos, abundantes juegos estilísticos, presencia de diarios, de recuerdos, de cartas, de imágenes especulares y metáforas que representarán conceptos y abstracciones de lo concreto («pájaro-recuerdo», «alma-huevo»), en un claro intento de reflejar el carácter aglutinador de una lengua como la guaraní, en un intento titánico de renovar el logos. *Yo el Supremo* es una arrasadora metáfora del poder omnímodo que se confabula con el poder absoluto y el carácter propio de lo narrativo.

Augusto Roa Bastos consiguió forjar un nuevo pálpito de lo literario al crear una narrativa que respira, que se siente, que late lentamente. Y en el trasfondo, una literatura que aspira a transformar la realidad con unos singulares personajes que nos hablan —desde la verdad— de la naturaleza humana.

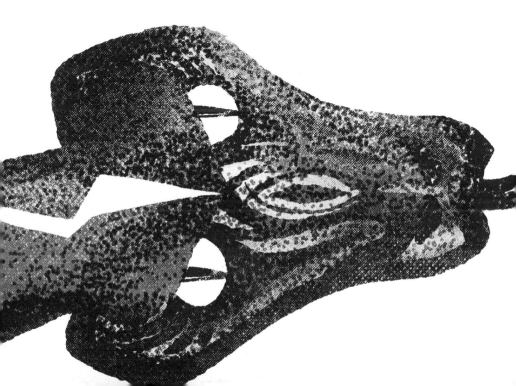

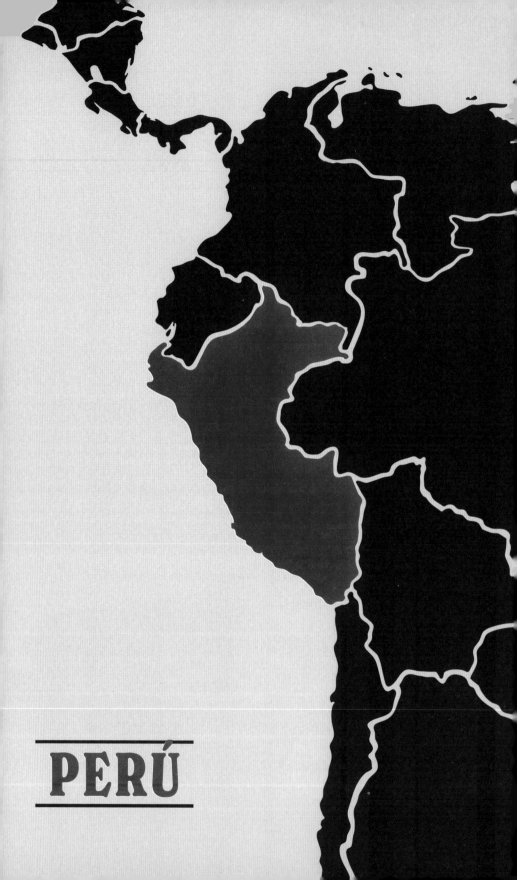

PERÚ

Carlos Calderón Fajardo, el escritor casi secreto

Por David Roas

Carlos Calderón Fajardo (Juliaca, 1946-2015). Sociólogo y profesor. En 1984 obtuvo el premio nacional de novela Gaviota Roja con *Así es la pena en el paraíso*. En 1985, ganó el Premio Hispamérica de cuento, organizado por la Universidad de Maryland. En el año 2006 fue considerado finalista del Premio Tusquets de novela en España con su obra *El fantasma nostálgico*. Fue profesor de la Universidad Nacional de Ingeniería durante veinticinco años. Entre sus libros más importantes se encuentran las novelas *La colina de los árboles*, *La segunda visita de William Burroughs* y *La conciencia del límite último*. También destacan los volúmenes de cuentos *El que pestañea muere*, *Historias de verdugos* y *Playas*.

David Roas (Barcelona, 1965). Escritor y profesor de Teoría de la Literatura y Literatura Comparada en la Universidad Autónoma de Barcelona, donde también dirige el Grupo de Estudios sobre lo Fantástico (GEF). Su último libro de ficción publicado es *Invasión* (Páginas de Espuma, 2018).

> Creo que para lograr el éxito hay que hacer *lobby*, relaciones públicas. A mí me interesa más escribir que ser publicado. No me gusta salir en fotografías, ni siquiera las he puesto en mis libros. Solo lo hice una vez porque era obligatorio para la editorial. Lo único que me interesa es que me lean los jóvenes.

Cuando un escritor se expresa en estos términos, publica en editoriales «pequeñas» y en su literatura huye de convencionalismos para pasearse por géneros poco explorados en su país, es habitual que la crítica le adjudique el ya gastado adjetivo de «raro» o, peor aún, el de «autor de culto» (sea eso lo que sea). A lo que hay que añadir esa insistencia en recalcar —con una inevitable mirada colonial— que *casi* ganó el Premio Tusquets de novela, como si eso lo hubiera proyectado a otra esfera —superior— del cruel mundillo literario en español.

Lo que sí resulta raro en la obra de Calderón Fajardo es el frenesí creador de sus últimos años: a los que lo seguíamos —dentro y fuera del Perú— nos sorprendía que desde 2006 publicara dos libros por año (a veces incluso tres). Y que apostara por géneros escasamente cultivados —hasta fechas muy recientes— en la narrativa peruana (y en otras muchas literaturas en español): lo fantástico, lo policíaco, lo terrorífico… Ello puede explicar también su buena acogida entre los lectores y los escritores jóvenes, a quienes siempre trató con exquisita generosidad, participando continuamente en las presentaciones de sus libros y en otros eventos organizados por ellos. Puedo dar fe (de ello): lo conocí en 2011 (tuve la suerte de vivir dos meses en ese universo de locos llamado Lima) y en las veces en las que pudimos vernos (ahora me parecen muy pocas) pude disfrutar de su inmenso saber literario y de su energía vital, siempre rodeado de escritores jóvenes, entre los que ejercía más como amigo que como maestro. También pude gozar de su enorme generosidad, pues, sin conocerme, no puso ningún reparo a presentar la edición peruana de uno de mis libros de cuentos. Desde entonces, estuvimos siempre en contacto, intercambiando nuestros libros (que cada uno íbamos publicando), cruzándonos *emails*, persiguiéndonos entre el (mucho) ruido que anida en los muros de Facebook.

Como decía, Carlos se aventuró por géneros como el policial y el fantástico (por el que siempre tuvo especial predilección), subvirtiendo sus convenciones y temáticas, combinándolas con la reflexión política y los juegos metaliterarios. Buena muestra de ello —me permito destacar mis obras preferidas— puede leerse en *La conciencia del límite último* (1990), novela policíaca protagonizada por un periodista que inventa historias de crímenes en los años de la violencia brutal de Sendero Luminoso; *La segunda visita de William Burroughs* (2006), en la que lo policíaco se mezcla con un retrato de la generación de escritores limeños de la década de 1970; *El fantasma nostálgico* (2006), que combina lo fantástico y lo policíaco para reflexionar, de nuevo, sobre la violencia (política) en el Perú; la novela corta *La vida íntima de Gregorio Samsa*, recogida en ese libro espléndido que es *Kafka* (2011); o esa magnífica vuelta de tuerca al tema vampírico que supone el ciclo de novelas en las que el autor juega con el personaje real de Sarah Ellen (una supuesta vampira de

origen inglés enterrada en Pisco en 1913): *El viaje que nunca termina (la verdadera historia de Sarah Ellen)* (1993), *La novia de Corinto (El regreso de Sara Ellen)* (2010), *La ventana del diablo (Requiem por Sarah Ellen)* (2011) y *Doctor Sangre* (2014). A todo ello añadir que Calderón Fajardo también fue un excelente cuentista: entre sus varios libros, destaca sin duda alguna *Playas* (2010), repleto de relatos memorables, historias sobre la vejez, la obsesión, el fracaso y la muerte, que no hay que leer siempre de un modo trágico o negativo.

El Inca Garcilaso o la invención de la melancolía

Por Clara Obligado

....

El Inca Garcilaso de la Vega (Cuzco, 1539-Córdoba, España, 1616). Escritor e historiador de ascendencia hispanoincaica nacido en el territorio actual de Perú. Su obra literaria, que se ubica en el período del Renacimiento, destaca por un gran dominio y manejo del idioma castellano y tuvo mucha influencia en los historiadores peruanos. En su obra cumbre, los *Comentarios reales de los incas*, publicada en Lisboa en 1609, expuso la historia, cultura y costumbres de los incas y otros pueblos del antiguo Perú. El libro sería prohibido por la Corona española en todas sus provincias en América.

Clara Obligado (Buenos Aires, 1950). Escritora y la primera impulsora de los Talleres de Escritura Creativa en España, antóloga (*Por favor, sea breve, 1 y 2*), novelista y ensayista. Tiene varias colecciones de relatos publicadas en Páginas de Espuma. Sus últimos libros son los ensayos *Una casa lejos de casa* y *Todo lo que crece*.

....

El hombre cuya sepultura está en Córdoba, muy cerca de la de Góngora, poseía un cuerpo mortal y dos almas. Como Shakespeare y Cervantes, había muerto el 23 de abril de 1616, fecha en la que se festeja el Día del Libro. Este mismo hombre, que murió asistido por su compañera y su hijo bastardo, tenía las órdenes menores al servicio de la Iglesia. Antes había batallado por su herencia y combatido contra los moriscos al mando de Juan de Austria, había sido historiador y traductor de León Hebreo, había redactado un libro inmenso y atravesado el Océano. Visto desde España, su punto de llegada, quedaban atrás Lisboa, las Azores, Panamá, Cartagena, Lima, Pachacámac, Apurímac, Anta y, por fin, Cuzco, el imperio en el que, ocho años más tarde de que los invasores ganaran la tierra, lo había dado a luz una princesa inca unida a un conquistador.

Si se quiere constatar hasta qué punto las propias circunstancias determinan la visión de una realidad, no hay mejor ejercicio que leer a los cronistas. De Hernán Cortés a Bernal Díaz, de Fray Bartolomé de las Casas a Gómez Suárez de Figueroa, el mestizo que recuperó el nombre de su padre, y pasó a llamarse Capitán Garcilaso de la Vega. Pero no es su historia, digna de una película de aventuras, lo que resulta más atractivo, ni siquiera su prosa elegante. Lo que enamora de su escritura es el temblor de su nostalgia.

El Inca Garcilaso recuperó el nombre de su padre, pero, una vez que fue dueño de él, se convirtió en escritor y antepuso al apellido español el apelativo de «Inca». Redactó un libro, los *Comentarios reales*, cuyo título no se sabe si alude a la realeza o a la realidad, y en esa ambigüedad consciente se instala para aseverar que es el único verdadero cronista de las Indias porque, aunque si bien es cierto que hay otros, y muy sabios, ninguno de ellos habla el idioma del lugar.

Borges lo hubiera definido como un hombre «en conflicto con sus dos linajes», pero el Inca prefirió enaltecer ambos orígenes en narraciones que se presentan separadas, paralelas, quizá porque no existe manera de amalgamar la cultura del vencedor con la del vencido.

Conocía la lengua barroca de su padre, pero también el quechua de su madre, la princesa, sobrina de Huayna Capac, cuyo linaje se remontaba al sol, a la luna y a Pachacámac, el dios creador. Estaba sumergido en el vehemente catolicismo del barroco, pero escuchó en casa de la princesa las narraciones de los amautas, los sabios de la comunidad, que lo introdujeron en las historias de los orígenes. Pertenecía a una doble nobleza, pero era a la vez mestizo y bastardo, ya que su padre nunca se casó con su madre y la abandonó para casarse con una española. Era capaz de leer en el quipu, esa combinación de

nudos de colores que servía a los incas como escritura, y también
de descifrar la letra de su padre para quien, más adelante, ofició de
intérprete y traductor.

Cualquiera que viva lejos de su tierra sabe que un idioma no se
reemplaza por otro, que no existe el verdadero bilingüismo donde
los códigos resulten intercambiables y que la traducción, en sentido
riguroso, es de alguna manera imposible. Hay una resonancia emotiva en las palabras, un sonido atrae un paisaje, ciertas experiencias
no son las mismas dichas en otro idioma. Cualquiera sabe, también,
si lo ha experimentado, que ese escollo conduce a la melancolía.
No saber quechua, dice el Inca, imposibilita para describir aquella
realidad. Y con el placer barroco del castellano y su conocimiento
de la lengua materna recupera los recuerdos, imbrica su historia

dentro de la gran historia y describe tanto las intrigas políticas como las crueldades de Atahualpa, el decapitamiento del Inca o la llegada de los olivos al Perú, los abusos de la conquista, o cómo las mujeres destetaban a los niños.

¿Se puede ser dos cosas opuestas a la vez? Soñando con el retorno, el Inca pasó los últimos años de su vida atento a describir cómo había sido su mundo antes de la llegada de los españoles, intentando situarse —comprenderse— dentro de él, exhibiendo su tremendo desgarro cultural. Y con ese doble afán, entregado al oficio misterioso que consiste en recuperar lo perdido a través de la escritura, murió en España, en 1616. En 1978 una parte de sus cenizas fue enterrada en el Templo del Triunfo, al costado de la Catedral de Cuzco, en su anhelado Perú.

Julio Ramón Ribeyro, el escritor de la gente

Por Marcelo Luján

Julio Ramón Ribeyro (Lima, 1929-1994). Cuentista, considerado uno de los mejores de la literatura latinoamericana. Figura destacada de la Generación del 50 de su país. Aunque el mayor volumen de su obra lo constituyen sus cuentos, también destacó en otros géneros: novela, ensayo, teatro, diario y aforismo. En 1994 (antes de su defunción) ganó el reconocido Premio de Literatura Latinoamericana y del Caribe Juan Rulfo.

Marcelo Luján (Buenos Aires, 1973). En 2001 se radicó en Madrid, donde vive en la actualidad. Publicó novelas, prosa poética y cuentos. En 2020, su cuarta colección de cuentos, *La claridad*, obtuvo por unanimidad el VI Premio Internacional Ribera del Duero.

Julio Ramón Ribeyro murió escribiendo un cuento. Se trata de un cuento que dejó inédito y todos los cuentistas sabemos que un cuento que todavía no damos a conocer es un cuento inacabado, una historia con la que todavía peleamos y nos debatimos, aun teniendo ese clavito que en gramática llaman punto final. El cuento que dejó inédito se titula «Surf» y el componente autobiográfico lo atraviesa de pleno como la luz que nos atraviesa —dicen, de pleno— al morir. Tiene sentido que un cuentista muera escribiendo un cuento y tiene sentido que un cuentista utilice su género más amado para hablar, por última vez y para siempre, de cosas suyas. Ribeyro escribió novela, teatro, ensayo, textos que exceden cualquier clasificación genérica (*Prosas apátridas* es una verdadera joya), textos epistolares de relieve exquisito y un diario, *La tentación del fracaso*, donde podemos disfrutarlo con minuciosidad, desnudo y brillante, hablando como creador. Pero por sobre todas las cosas era cuentista y murió —no podía ser de otra manera— escribiendo un cuento. Tiene sentido.

Quiero que con esta breve y poco enciclopédica nota busquen y lean y se sumerjan en la obra de Julio Ramón Ribeyro, en su universo único y lleno de humanidad, de compromiso, y en su pluma

privilegiada que sabe mostrar la tristeza de los individuos desde los prismas más opuestos y esclarecedores. En Ribeyro hay humor y hay crítica y hay singularidad, con personajes postergados pero que siempre tienen un sueño ahí delante, un sueño que para ellos es enorme aunque para el resto del mundo no sea nada, un sueño que parece cercano y posible pero que siempre acaba desintegrándose.

A mí me pasa que leer a Ribeyro es como volver al barrio, es decir a nuestra esencia y a nuestras raíces y, por qué no, al último recoveco de eso que llamamos corazón y que no es exactamente el corazón. Futbolero y generoso, sencillo en el mejor sentido de esta acepción, hay algo de desarraigo en su literatura, en su discurso —muy visible en muchísimos de sus cuentos—, como si los años en el extranjero rasgaran, también, la composición de las ficciones.

Si retrocediéramos medio siglo desde aquel último cuento y nos fijáramos en el primero que publicó, «La vida gris», veríamos que narra todo lo que no habría de querer para su propia vida, una vida que en ese momento y con veintiún años, tenía por delante. Utilizar el género —que seguramente ya amaba— para edificar esa suerte de oráculo que dice no hagas esto, no vivas así, sé libre y sé hermoso y nunca seas gris. Esto también tiene sentido.

Algunos cuentos que nadie debería dejar de leer: «Por las azoteas», «Silvio en El Rosedal», «La molicie», «Dirección equivocada», el retrato bestial que hace de la pobreza en «Los gallinazos sin plumas», o «Ridder y el pisapapeles», un texto significativo que demuestra y confirma cómo se puede aprovechar el naturalismo para dar ese notable giro final que deja al lector contra las cuerdas de lo fantástico.

Julio Ramón Ribeyro fue un escritor que dio la cara, un escritor con conciencia de clase, un escritor de la gente, un escritor con la valía suficiente para sobrevivir a la ceguera mercantilista del *boom*. Un tipo corriente que cuando le preguntaron cuál había sido su mayor logro dijo que ese logro había sido poder hacer lo que más le gustaba en la vida: escribir.

Cuando corra todavía más arena en el tiempo de los relojes, cuando nuevas generaciones lectoras se acerquen a la obra de Ribeyro, observarán cómo el humo de un cigarro sube desde esa mano hasta esa boca, y verán un santito que de cerca es san Martín de Porres, y sentirán la brisa soplando en un balcón de Miraflores. Y entonces ahí estará él, junto a la encantadora marginalidad de sus personajes, tan flaco y tan sonriente, siempre cerca de los acantilados.

Blanca Varela y el océano

Por Olga Muñoz Carrasco

Blanca Varela (Lima, 1926-2009). Poeta considerada la más importante voz poética femenina de su país, en buena medida por la difusión internacional que alcanzó su obra. Obtuvo el Premio Octavio Paz de Poesía y Ensayo en 2001 y en octubre de 2006 se convirtió en la primera mujer que gana el Premio Internacional de Poesía Federico García Lorca. Su poesía, reflexiva y desencantada, ajena al confesionalismo lírico, asume el dolor y la frustración de toda realización humana como ejes centrales de su discurso.

Olga Muñoz Carrasco (Madrid, 1973). Profesora en Saint Louis University en Madrid. Entre sus trabajos destacan los libros *Sigiloso desvelo. La poesía de Blanca Varela* (2007), *Perú y la guerra civil española. La voz de los intelectuales* (2012) y la antología de Blanca Varela *Y todo debe ser mentira* (2020), así como los poemarios *La caja de música* (2011), *El plazo* (2012), *Cráter, danza* (2016) y *15 filos* (2021). Su labor editorial se centra en la colección Genialogías de Tigres de Papel.

Por muchos años Blanca Varela vivió en una casa asomada al Pacífico. Frente a ese océano, durante una temporada, escribió día a día líneas extraordinarias. Toda su creación se ubica en coordenadas similares: la observación porfiada de una realidad sobre la que a ratos se eleva o precipita, partiendo de un primer poema fundacional compuesto en París y donde se descubre peruana. Puede sentirse el vacío bajo la superficie de sus versos.

No es fácil mirar, si se piensa despacio. El engaño acecha en cualquier rincón, y además una debe siempre desconfiar de instrumentos tan al alcance de la mano. Con una destreza para la rima que le llegaba también de su madre, famosa autora de canción criolla, la poeta sabía que escribir distaba mucho de ajustar el broche a un

texto. Su escritura elige otro ángulo, ojo avizor sobre el borde donde late la transformación, el movimiento. En ese punto sus libros se atreven, imprecan o celebran, gritan esas cosas que, según sus propias palabras, no podía decir de viva voz.

Hay rigor en sus poemas, entendido este según algunas de las acepciones que nos ofrece el diccionario: aspereza, intensidad, precisión. Atención también hay para seguir el rastro de una carencia esencial y constitutiva, un hambre que entronca con la intemperie en la que nos dejó Vallejo. Huesos, restos, huecos, vacíos de un paisaje, sin embargo, portentoso. En él se afanan las hormigas y zumban los tábanos, esto es, la laboriosidad y el picotazo de la vida… pero no solo, pues el cocodrilo de peluche, la cagada de la mosca o el elefante que enfila hacia su fin señalan algo más. Los poemas apuntan hacia eso.

La poesía de Blanca Varela oficia un rito, se inscribe en la materia de la carne, de la pintura, del color. Nos inicia ferozmente en una ceremonia que consiste en abismarse en el cuerpo hasta el escarnio, en el amor desde la escasez, en la muerte sin atajos. La crudeza de sus versos devuelve una imagen ajustada a lo real, nos arroja a una experiencia de lectura sin atenuantes, radical. Cauteriza la herida que inflige. A ella nos exponemos al adentrarnos en su obra, y no podemos sino agradecer su osadía.

Blanca Varela escribió con ensimismamiento y apertura, en una actitud que evitaba la exposición pública innecesaria a la vez que acompañaba a quienes escogió para la poesía. Ciudades de juventud, lecturas de toda la vida, amistad continua: reserva y entrega que, finalmente, hicieron de ella una figura excéntrica, medular. Su palabra consuma un viaje donde parecen fundirse origen y destino, como sucede frente a ese mar que escudriñaba desde lo alto de su casa: «La partida y el límite confundidos». Lo móvil e inmóvil del océano, lo móvil e inmóvil de su poesía.

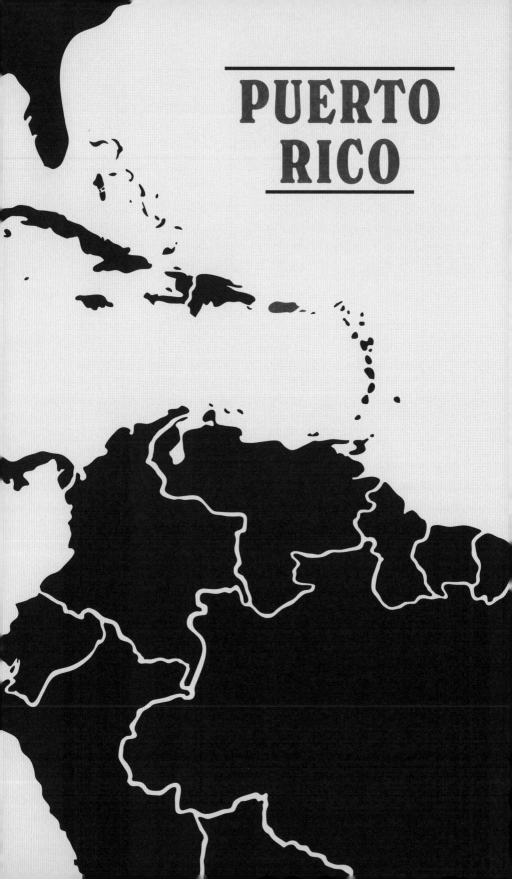

PUERTO
RICO

Julia de Burgos, una íntima liberación

Por Margarita Pintado Burgos

Julia de Burgos (Carolina, 1914-Nueva York, 1953). Considerada por muchos críticos como la más excelsa poeta de Puerto Rico, fue partidaria de la independencia de la isla. Además de mostrar el sentimiento de amor en sus poemas, también estimuló en las mujeres la liberación femenina y en sus versos plasmó los problemas de las puertorriqueñas. Con una voz rebelde y feminista, escribió obras que iban en contra de las normas de la sociedad y los convencionalismos de su época.

Margarita Pintado Burgos (Puerto Rico, 1981). Autora de los poemarios *Ficción de venado* (2012) y *Una muchacha que se parece a mí* (2016), y de la novela «bloguera» *Ping-Pong Zuihitzu*, escrita a cuatro manos junto al poeta cubano Lorenzo García Vega (1926-2012). Es profesora de Lengua y Literatura en la Universidad Point Loma Nazarene, en San Diego, California. Dirige el espacio virtual de poesía Distrópika. Sus poemas, reseñas y ensayos críticos han aparecido en diversas revistas y antologías.

Julia de Burgos decidió, desde muy joven, ser protagonista y dueña de su propia vida, gran hazaña para una mujer pobre, de color, nacida en un país colonizado. Aunque tuvo una vida difícil, y corta, su voz y su proyecto poético constituyen un modelo de emancipación que sigue leyéndose con la misma urgencia y pasión con el que fue concebido. La muerte no pudo, como tampoco pudieron las circunstancias de su vida y de su tiempo, apagar aquella voz que solo sabía marchar hacia adelante, idea central de su icónico poema «Yo misma fui mi ruta»:

> —Yo quise ser como los hombres quisieron que yo fuese:
> un intento de vida;
> un juego al escondite con mi ser.
> Pero yo estaba hecha de presentes,
> y mis pies planos sobre la tierra promisora
> no resistían caminar hacia atrás,
> y seguían adelante, adelante…

Es notable que, dentro de una cultura patriarcal, conservadora, y católica sea la voz decididamente insumisa de esta mujer la que más resuene entre puertorriqueños y puertorriqueñas de todas partes. Y es que Julia de Burgos es el espejo en donde nos queremos mirar, pues se trata de un ser que encarna el ideal y la práctica de la libertad y de la liberación que siempre empieza con uno mismo.

Tras graduarse de la Universidad de Puerto Rico en 1933, De Burgos se desempeña como maestra en una escuela rural. Luego de tres años de matrimonio, se divorcia y añade el posesivo «de» a su apellido, gesto que recorre toda su obra, especialmente los versos de «A Julia de Burgos»: «[…] en mí manda mi solo corazón, mi solo pensamiento; quien manda en mí soy yo». A los veinticuatro años publica *Poema en veinte surcos* (1938), poemario cuya sensibilidad y destreza superan por mucho a su juventud. Ya están aquí sus poemas más aclamados, incluyendo su magnífica ópera prima «Río Grande de Loiza». Su talento era innegable, y su poesía fue bien recibida en la isla, pero ella no. Una vez la isla se le hizo muy pequeña, es decir, una vez su libertad comenzó a interferir con las prisiones hechas por otros, Julia de Burgos se marchó y juró no volver. Tenía veinticinco años. Su país no era libre, pero ella sí.

En 1940 Julia parte hacia Nueva York con Juan Isidro Jiménez Grullón, sociólogo y físico dominicano a quien le dedica sus versos más apasionados. Ese mismo año recibe un premio en Puerto Rico por su segundo libro *Canción de la verdad sencilla*. En 1941 la pareja viaja a Cuba, pero la relación se deteriora rápidamente. Julia regresa sola a Nueva York con el corazón roto. Allí se desempeña principalmente como periodista y activista. En 1943, la poeta se casa con el músico puertorriqueño Armando Marín, pero se divorcia poco tiempo después.

A Julia de Burgos la encuentran desplomada en una calle en Nueva York sin ninguna identificación. Víctima ya del cáncer y la cirrosis, muere de neumonía, sola, a los treinta y nueve años. Sus restos son eventualmente recuperados por su familia y traídos a Puerto Rico. Su tercer libro, *El mar y tú*, fue publicado póstumamente.

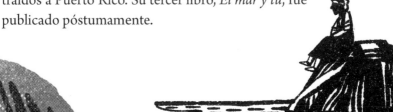

REPÚBLICA DOMINICANA

Camila Henríquez Ureña, hermana feminista

Por Ana Gallego Cuiñas

....

Camila Henríquez Ureña (Santo Domingo, 1894-1973). Poeta, figura central del romanticismo dominicano, fue además la precursora de una nutrida serie de voces femeninas. Está considerada como una de las intelectuales más destacadas de Latinoamérica y del Caribe del siglo xx. Destacó en el género ensayístico, y sus obras tenían un fuerte sentimiento feminista.

Ana Gallego Cuiñas (Marbella, 1978). Profesora titular en el Departamento de Literatura Española de la Universidad de Granada. Doctora y licenciada en Filología Hispánica y licenciada en Antropología Social y Cultural en la Universidad de Granada, es especialista en temas dominicanos, narrativa argentina, escritura autobiográfica, estudios transatlánticos, feminismo materialista, mercado del libro (editoriales independientes, ferias y festivales) y literatura latinoamericana actual. En la actualidad, es la directora de los proyectos I+D LETRAL y ECOEDIT, así como de la Unidad de Excelencia Iber-Lab.

....

El feminismo se dice de muchas maneras y una de las primeras en decirlo en América Latina fue Camila Henríquez Ureña. Nacida en 1894 en Santo Domingo, cubana de adopción, esta intelectual y ensayista es otra mujer más invisibilizada por el canon (concepto sexista, mesocrático e imperialista donde los haya), por las hegemonías geopolíticas (no es lo mismo ser dominicana que argentina) y por la familia. Sí, por la familia, porque no es posible no ser eclipsada por los Henríquez Ureña, menos por Max que por Pedro, el escritor de la *Historia de la cultura en la América hispánica* (1947), el colaborador de la célebre revista *Sur*, el amigo de Borges, Mallea y Bianco, el maestro de Sábato, el editor de Losada. Ser «hermano de» es una tarea ardua e ingrata (que se lo digan a los Grimm, James, Mann, Strugatski, Bécquer, Machado, Quintero, Goytisolo, etc.), pero ser «hermana de» (un hombre de genio) implica una verticalidad aún mayor, casi insalvable, a la que han sobrevivido muy pocas mujeres, quizás solo las más aguerridas, las que militaron

en la causa feminista por la salvación (de todas): Norah Borges y Camila, entre otras.

Sin embargo, ser la hija de Salomé Ureña, primera poeta dominicana y notable pedagoga, le ha valido convertirse en uno de los personajes principales de la novela *In the name of Salomé* (2000) de Julia Álvarez. En el nombre está la singularidad, no en el apellido. Aunque pienso que la singular vida de Camila se asemeja más a la de uno de esos personajes excesivos, inverosímiles, que salen en las novelas de César Aira. Caribeña y cosmopolita a partes iguales, sabía varios idiomas, cantaba ópera, bailaba salsa y escribía lúcidos tratados sobre Dante, Shakespeare, Cervantes, santa Teresa de Jesús, sor Juana Inés de la Cruz, Lope de Vega, Hostos o Delmira Agustini. Se doctoró en la Habana, estudió en Minnesota y en la Sorbona, fue profesora en Vassar y Middlebury College, La Habana y Santo Domingo. Incluso estuvo trabajando de editora para Fondo de Cultura Económica en México en 1948.

Pero si por algo destacó Camila fue por su compromiso con el feminismo. Presidenta y cofundadora en 1936 de la revista *Lyceum*, una publicación dedicada a la emancipación, vindicación de derechos y visibilidad de la mujer en La Habana, que estaba ligada al club homónimo, réplica del que fundó en Madrid en 1926 María de Maeztu, donde se impartían charlas y se hacían debates sobre pensamiento, arte y cultura. Para que nos hagamos una idea, una suerte de *Pikara Magazine* de principios del siglo pasado pero gestionado por una alta burguesía interseccional, valga el oxímoron. Camila se convierte así en una de las pioneras del activismo feminista latinoamericano, como prueba también su extraordinario ensayo *Feminismo*, que leyó en la Institución Hispano-Cubana de Cultura en 1939. En sus páginas asistimos a la «inminencia de una relevación», como diría Borges, al hallazgo de ideas precursoras de categorías que un siglo después forman parte de la máquina de guerra del proyecto feminista de América Latina: «feminicidio» de Marcela Lagarde, «contrapedagogía de la crueldad» de Rita Segato, «mundo Chi'xi» de Silvia Rivera Cusicanqui, «economía barroca» de Verónica Gago o «transfeminismo» de Sayak Valencia. Hasta se podría afirmar que Camila es precursora de Mary Beard, filóloga inglesa y

autora de *Mujeres y poder. Un manifiesto* (2018), libro que comienza
con el análisis del episodio en que el hijo Telémaco —cito del trabajo Camila— «en presencia de los pretendientes, ordena a la no-
ble reina Penélope, su madre, que se retire y ella obedece con humil-
dad». Esa escena de sumisión materno-patriarcal aparece asimismo
en el inicio del ensayo de la dominicana, antes de abordar la situación de la mujer en el siglo xx y de escribir como un oráculo: «El
movimiento feminista ha sido consecuencia de procesos sociales
que se están desarrollando implacable, fatalmente. Lo que ha hecho la mujer es adquirir conciencia de esos procesos y cooperar a
ellos. El feminismo es, él mismo, un proceso natural». Es decir: la
revolución será feminista, naturalmente, o no será. Y bajo esa con-
signa, termina el ensayo con otra sentencia epifánica: «Conciencias
que combaten por el bien». Todo un preludio de los últimos movimientos feministas que han tenido lugar en América y que han dado
la vuelta al mundo: Ni Una Menos, Las Tesis o las Mareas Verdes.
Hordas de mujeres latinoamericanas que hoy gritan: somos las hermanas de las Camilas que no pudisteis olvidar.

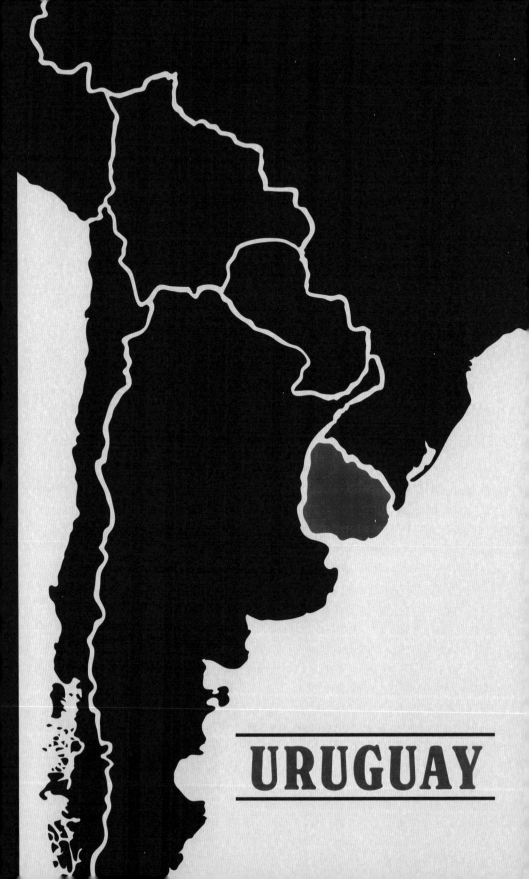

URUGUAY

Marosa di Giorgio, mariposa nocturna

Por Fernanda Trías

Marosa di Giorgio (Salto, 1932-Montevideo, 2004). Escritora que se aventuró en una prosa sumamente inusual y sin precedentes en la historia literaria de su país. En su obra, un canto a la naturaleza y a sus mutaciones, la mitología es una constante. Es una de las voces poéticas más singulares de Latinoamérica. Su estilo experimental y el erotismo salvaje de sus textos, en los que arma un lenguaje propio explorando la naturaleza, los mitos en torno a ella, los cuerpos y el cambio, escandalizaron y sedujeron por igual a sus contemporáneos.

Fernanda Trías (Montevideo, 1976). Narradora y docente. Magíster en Escritura Creativa por la Universidad de Nueva York. Es autora de *La azotea*, *La ciudad invencible*, *No soñarás flores* y *Mugre rosa* (Literatura Random House, 2020), esta última destacada como uno de los mejores libros del año por el *New York Times* en Español. Actualmente vive en Bogotá, donde es profesora de escritura creativa en la Universidad de los Andes. En 2021 obtuvo el Premio Sor Juana Inés de la Cruz.

Cuando se habla de literatura uruguaya, se suele mencionar a «los raros», ese término que el crítico Ángel Rama usó para definir a un conjunto de escritores marginales que se apartaron del realismo imperante para afianzarse en una obra imaginativa y completamente personal. El *lado B* de la literatura uruguaya. Marosa di Giorgio fue la reina de los raros. La «reina mariposa», como reza su epitafio. Reina de la noche y de los cafés montevideanos, se la veía con su extravagancia de *dandy*, con su pelo de fuego, sus collares de perlas, sus anteojos puntiagudos y sus labios escarlata. La voz tímida encantaba a la audiencia en recitales de poesía y tertulias. Tenía un carisma de diosa sobrenatural, de novia eterna y envejecida.

Creció en Salto, al norte del país, en la finca de árboles frutales de sus padres, viendo copular a los insectos, y allí se gestó su universo poético. Cuando leí el primer volumen de *Los papeles salvajes*, compilación de sus poemarios anteriores, enseguida entendí que estaba ante una voz y un imaginario únicos, de exuberancia neobarroca,

donde la infancia, la sexualidad, la muerte y el misticismo convivían sin tabúes. Por momentos su mirada se emparenta con la de Felisberto Hernández, a quien Marosa admiraba mucho. De una niña muerta, asesinada por un lobo, dice: «tenía olor a ramita de pino». Y de otra mujer con nombre de flor, dice que caminaba «alta y derecha. Como si acabara de dejar un trono».

En el *autoprólogo* que escribió a los veinte años, incluido en un cuadernillo de poemas de 1953, declaró que Poesía y Dios eran la misma cosa, y que, por lo tanto, su lema era: «Poesía es la esencia del todo».

Cultivó ese género esquivo que es la prosa poética, y también escribió una fascinante novela, *Reina Amelia,* y varios libros de relatos eróticos, como *Misales* y *Rosa mística.* En sus textos hay vírgenes que copulan con flores, animales y astros. Marosa respiraba erotismo,

pero no del tipo que se suele imaginar. Construyó una mitología personal hecha de ninfas, hadas, huevos, lobos y hongos. Se trata de una poesía profundamente *queer*, con un imaginario pansexual donde los animales, las plantas y hasta los objetos están sexualizados, libres de cualquier tipo de juicio moral.

A veces da la sensación de ser una escritura automática, donde la causalidad se quiebra. Cuando leo a Marosa, me entrego al sonido de sus palabras y a la profusión de imágenes, y renuncio a seguir el hilo de la trama. Son escenas surrealistas, que te envuelven en su exuberancia y sensualidad.

Marosa fue única, una mariposa nocturna, una ninfa de los bosques, como ella misma se definió en una entrevista: «Soy esa que así piensa, sueña, vive, la última dríade de este mundo, la falena y falena con el círculo del ala brillando».

Felisberto Hernández, sonámbulo de confianza

Por Julio Prieto

Felisberto Hernández (Montevideo, 1902-1964). Escritor, compositor y pianista. Se diferencian tres etapas en su producción literaria: desde 1925 a 1941 publica en diarios e imprentas del interior del país, como el *Libro sin tapas*; desde 1941 a 1946, define su estilo humorístico y fantástico en dos extensas narraciones, *Por los tiempos de Clemente Colling* y *El caballo perdido*; desde 1947 a 1960, muestra una mirada extravagante en libros como *Nadie encendía las lámparas* y *La casa inundada*. Aunque su trabajo de escritor eclipsó su carrera de pianista, su obra entera está impregnada de música, tanto en los temas evocados como en la forma de contar, al sugerir emociones con palabras de cierta sonoridad, transformando el sentido de las palabras en función de los sonidos, y al construir partes de su relato como variaciones de un mismo tema musical.

Julio Prieto (biografía en la página 71).

Felisberto Hernández fue pianista antes que escritor —y luego, de algún modo, escritor-pianista—. Por un tiempo, en su juventud, se ganó la vida poniendo música a películas mudas. Por aquellos años, antes de la invención del cine hablado, la banda sonora solían proveerla pianistas que improvisaban *in situ*. Es tentador imaginar a Felisberto aderezando con temas de su repertorio *El gabinete del doctor Caligari*, *El acorazado Potemkin*… Me gusta imaginarlo así, improvisando compases al hilo de las imágenes, tal vez propiciando discordancias juguetonas, porque esa escena sugiere algo básico de su escritura. Algo de ese libre discurrir, esa cualidad de espontánea ocurrencia (trabajada con tanto arte, por cierto), esas ligeras arritmias y ese no encajar del todo que son experiencia común de tantas vidas y de muchos de sus cuentos. Algo de esa extraña cualidad musical que tienen sus narraciones, pero también una discordancia de orden más íntimo, ese algo de ilusión desvencijada que tienen las pequeñas músicas, las precarias bellezas que a veces le ponemos al cine mudo de nuestras vidas.

* * *

Su tema es lo desacompasado y desafinado de la vida cotidiana, «lo maravilloso y oscuro» del mundo de todos los días, como lo expresa Paulina Medeiros. Pero sus cuentos tienen poco que ver con la «novela realista», tan poco como con la literatura fantástica a la manera de Borges. Felisberto bien podría decir como Eisenstein: «Escapo del realismo yendo hacia la realidad». Es que Felisberto va lejísimos en la penetración de una realidad muy concreta (la que le tocó vivir) pero lo hace desde una perspectiva ex-céntrica: desde la sensibilidad y la experiencia de un escritor-pianista, un artista inadaptado en una sociedad chata y provinciana. Esa perspectiva tiene poco de típica, pero en su otredad se proyecta hacia otras penumbras. De ahí la melancólica y maravillosa cohorte de marginales e incomprendidos que deambulan por sus relatos.

* * *

Qué ironía: Felisberto, que tanto y tan bien comprendió lo incomprendido, hubo de enfrentarse a no pocas incomprensiones. Suele ocurrir con los creadores geniales. Quizá la mayor de ellas fue la idea de que era un escritor «naïf», que escribía con «incorrección». Pero en su prosa no hay ingenuidad estilística, lo que hay es un sentido más avanzado del estilo. El ligero desaliño de sus cuentos es una forma más sutil de la elegancia, una suerte de dandismo a la inversa. Grandes escritores a lo largo de la historia escribieron con desaliño: Teresa de Ávila, Gómez de la Serna, Macedonio, Lispector, Kafka… Los cuentos de Felisberto no deberían tener que avergonzarse de su aire de descuido: sin él perderían no poco de su indefinible encanto. Leyéndolos uno tiene la impresión de que ese aire es lo más natural del mundo. Y qué demonios, les sienta de maravilla.

* * *

«Yo he deseado no mover más los recuerdos y he preferido que ellos durmieran, pero ellos han soñado», dice en uno de sus cuentos. Del narrador de otro —un escritor de cuentos— se dice que era un «sonámbulo de confianza». Para escuchar lo real en su misterio son precisos «sonámbulos de confianza». Cuánta falta nos hacen esos sonámbulos. El escritor uruguayo fue uno de los más raros y sutiles, el sonámbulo más raro en un país de raros geniales —jamás un país tan pequeño fue tan pródigo en genialidad literaria: Lautréamont, Onetti, Levrero, Marosa di Giorgio...—. De todos ellos, Felisberto es nuestro preferido. Nadie encendía los sueños como Felisberto, nuestro sonámbulo de confianza.

Mario Levrero, nada menos que un sueño

Por Fernanda Trías

....

Mario Levrero (Montevideo, 1940-2004). Escritor, fotógrafo, librero, guionista de cómics, columnista, humorista, creador de crucigramas y juegos de ingenio. En sus últimos años de vida dirigió un taller literario. Su estilo de escritura muestra influencias de la ciencia ficción y la novela policíaca, así como de la narrativa cómica. A pesar de ello, es difícil clasificar su prosa dentro de algún género. Entre sus obras, destacan su *Trilogía involuntaria*, formada por *La ciudad* (1970), *París* (1980) y *El lugar* (1982); las novelas *El discurso vacío* (1996) y *La novela luminosa* (2005), y los libros de relatos *La máquina de pensar en Gladys* (1970) y *Todo el tiempo* (1982).

Fernanda Trías (biografía en la página 195).

....

Todo empezó y terminó por el corazón. A los tres años le diagnosticaron un soplo cardíaco que lo confinó a la quietud y tal vez lo convirtió en escritor, uno de los más excéntricos y personales de la tradición uruguaya. O al menos así fue en su mito personal. Porque, en esos años de inmovilidad, el niño Jorge Varlotta desarrolló el amor por la lectura y se entregó a la fantasía y a los sueños. *La ciudad* fue lo primero que leí de él, una novela claustrofóbica y laberíntica, de corte kafkiano, que encontré en la biblioteca de mi padre. Después supe que la escribió a los veintiséis años, cuando en medio

de una crisis existencial dejó su librería de viejo y se fue a Piriápolis, un pequeño y desolado balneario de la costa. Volvió a Montevideo ya convertido en Mario Levrero, el escritor, y ese mismo año también escribió el maravilloso libro de relatos *La máquina de pensar en Gladys*.

¿Quién era Mario Levrero? El escritor de culto, el fanático de los géneros menores, el ermitaño, el prolífico, el maestro de tantos, el raro, el fóbico, el lector generoso, la figura mítica, el fenómeno literario. Mario Levrero fue muchos.

Hablar de Levrero es hablar de una imaginación desbordada. En sus libros hay estructuras arquitectónicas hechas de telaraña y una gelatina gigante que ha desplazado a los habitantes de la ciudad, hay una banda de delincuentes que se esconde bajo un muñeco articulado con la forma de un ciempiés, un caño por el que salen hombrecitos en miniatura, y un oso amaestrado disfrazado de conejo. Así dicho, podríamos pensar que se trata de cuentos fantásticos. ¿O no? Mario Levrero diría que no, diría que son cuentos realistas, excepto que se trata de la realidad como él la entiende, una realidad que ha pasado por el tamiz de su percepción. Porque Levrero tenía un concepto de la realidad bastante amplio, que incluía los fenómenos paranormales y el mundo de los sueños. Cuando todo el mundo decía «fue nada más que un sueño», él sabía responder «fue nada *menos* que un sueño».

Amante de las novelas policiales, de Gardel y de Kafka, vivió en Buenos Aires, donde se dedicó a hacer crucigramas, luego en Colonia, donde comenzó los talleres literarios que marcarían a una generación.

Hasta el final, Levrero fue un lector del disfrute y un escritor de la espontaneidad. Tenía aversión a la corrección política y a la academia, y por eso se definía a sí mismo como un escritor aficionado, por contraste con los escritores profesionales que debían cumplir con expectativas de producción. Rechazaba la exposición pública y sus libros solo se leyeron masivamente cuando ya no estaba en este mundo. Para él, escribir tenía que ver con el ocio y con el inconsciente. Con la espera. Había que escuchar atentamente, partir de imágenes que se convirtieran en obsesiones.

Su obra tuvo dos líneas: la extraña y onírica, donde se encuentra la *Trilogía involuntaria* y un grueso volumen de cuentos, y la cada vez más ensimismada e intimista, como *El discurso vacío* y *La novela luminosa*.

Poco a poco las fobias al exterior lo fueron acorralando y fue volviendo a la quietud del principio. En 2004, soñó su propia muerte.

VENEZUELA

Rafael Cadenas, ser a lo vivo, amor real

Por María José Bruña Bragado

Rafael Cadenas (Barquisimeto, 1930). Poeta, ensayista y profesor universitario. Sus obras han sido recibidas positivamente por la crítica y valoradas como indispensables. Su poema «Derrota» fue tomado como referencia en la poesía venezolana de la década de 1960 y, en general, como referente absoluto de la poesía universal, por manifestar una sensación de soledad y desamparo ante una realidad cruel e incomprensiva.

María José Bruña Bragado (Zamora, 1976). Profesora titular en el Departamento de Literatura Española e Hispanoamericana de la Universidad de Salamanca. Ha publicado *Delmira Agustini. Dandismo, género y reescritura del imaginario modernista* (2005), *Cómo leer a Delmira Agustini: algunas claves críticas* (2008) y la edición crítica de la poesía de Ida Vitale *Todo de pronto es nada* (2015). Ha editado y prologado *Peregrinaciones de una paria* de Flora Tristán (2019) y *Manca y más poemas* de Juana Adcock (2021).

Rafael Cadenas nace en Barquisimeto, Venezuela, en 1930. En su juventud, forma parte del Partido Comunista y como consecuencia de su implicación política se exilia en la isla de Trinidad, desde 1952 a 1956, durante la dictadura de Pérez Jiménez. Fruto de dicha experiencia —del trauma y el dolor nace a veces la consciencia, del aislamiento y la distancia, la creación: «Hay una isla que solo ven los ojos nuevos», diría más tarde—, afirma haber aprendido inglés, tanteado por primera vez la traducción literaria y escrito, sobre todo, su libro *Una isla* (1958), el segundo tras *Cantos iniciales* (1946).

En la década de 1960 participa en el grupo literario de orientación progresista «Tabla redonda» (1959-1965), junto a Salvador Garmendia, Jesús Sanoja Hernández y Manuel Caballero. Su poema «Derrota» circula como la pólvora entre los jóvenes de todo el país en aquellos años y se convierte en todo un símbolo patrio y generacional. Sin embargo, no es el texto más representativo de una escritura que rehúye siempre la facilidad y privilegia una mirada universalista y exigente. Es, precisamente, esa amplitud de miras, el hecho de que plasma lo externo, lo histórico, pero también lo íntimo, lo

real, y ese rigor, esfuerzo y precisión en la práctica poética («La palabra no es el sitio del resplandor, pero insistimos, insistimos, nadie sabe por qué») lo que convierte en sumamente atractivo y estimulante lo que escribe.

Los cuadernos del destierro (1960) marcan un quiebre en su trayectoria. Después vendría *Falsas maniobras* (1966). Cadenas bebe, siempre con disciplina, pero también con calidez y estremecimiento, de las fuentes del continente americano, sin dejar de lado el sedimento europeo y oriental, de Whitman o Machado hasta Bashō. La máxima «la poesía hace más viva la vida» muestra hasta qué punto, a partir del conocimiento y no de la mera observación, su lenguaje penetra e indaga en la realidad, es parte de la misma, la ahonda, ilumina y enriquece. La veta metapoética, por otro lado, también es uno de los vectores que atraviesan su creación y en ella destaca siempre el lugar del poeta, sin estridencias, pero sin negaciones.

A partir de la década de 1970, su obra se vuelve más intimista, despojada y meditativa con libros como *Intemperie* (1977), *Memorial* (1977), *Anotaciones* (1983) y *Amante* (1983), uno de los libros que lo consagrarían definitivamente como poeta mayor. La mística y la búsqueda del nudo esencial y de la exactitud hacen que se vaya aproximando, de manera cada vez más depurada y precisa, al haiku, al aforismo, al pensamiento oriental en textos que perturban y conmueven.

El discurso que dio cuando obtuvo el Premio Reina Sofía de Poesía Iberoamericana en 2019 muestra, con una sencillez y austeridad que lo caracterizan también en lo humano, lo imprescindible de observar, leer, pero, especialmente, de amar y vivir: «Si el poema no nace, pero es real tu vida, /eres su encarnación».

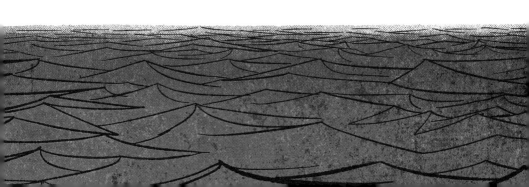

Rómulo Gallegos, la lucha contra la barbarie

Por Violeta Rojo

Rómulo Gallegos (Caracas, 1884-1969). Novelista y político. Se le ha considerado como el novelista venezolano más relevante del siglo XX, y uno de los más grandes literatos latinoamericanos de todos los tiempos. Algunas de sus novelas, como *Doña Bárbara* (1929), han pasado a convertirse en clásicos de la literatura hispanoamericana. En 1960 fue elegido como comisionado y primer presidente de la recién creada Comisión Interamericana de Derechos Humanos, cargo que ejerció hasta 1963.

Violeta Rojo (Caracas, 1959). Profesora universitaria, doctora en Letras, miembro investigador de la Kingston University, en el Reino Unido (2000-2001), e individuo correspondiente de la Academia Norteamericana de la Lengua Española. Su libro más reciente es *Las heridas de la literatura venezolana y otros ensayos* (2018).

Doña Bárbara no es solamente la más conocida novela de un muy conocido escritor, es también un hito literario, un personaje inolvidable, un arquetipo femenino, una visión de país, un símbolo fundamental y una novela que ha molestado a todas las dictaduras venezolanas del siglo XX y del XXI.

Rómulo Gallegos fue un demócrata ejemplo de civilidad, así como novelista de amplia y dilatada obra. Además de *Doña Bárbara* (1929), publicó *Reinaldo Solar* (1920), *La trepadora* (1925), *Cantaclaro* (1934), *Canaima* (1935), *Pobre negro* (1937), *El forastero* (1942), *Sobre la misma tierra* (1943) y *La brizna de paja en el viento* (1952). También fue cuentista, dramaturgo, productor de cine y un muy renombrado docente y político, que se desempeñó como diputado,

ministro y fue elegido presidente de Venezuela en 1947, siendo depuesto meses después por un golpe militar que instauró una dictadura que duró casi una década.

En la novela, Barbarita es una muchacha víctima de violación colectiva que se convierte en la rica y temida Doña Bárbara, también conocida como «la devoradora de hombres». Ella comete todos los crímenes vinculados al dinero: se apropia de reses y tierras ajenas, irrespeta linderos, aprovecha su contubernio con los representantes de la ley para que refrenden sus trapacerías. No solo es una mujer, literalmente, de armas tomar, empuñar y disparar, sino que además, rompe todos los cánones de moralidad de su época: destruye emocionalmente a los hombres que se enamoran de ella, tiene amantes a los que desecha con facilidad, practica la brujería y abandona a su hija Marisela. Su belleza y temple han hecho que su imagen icónica sea la de María Félix, protagonista de la película mexicana que dirigió Fernando de Fuentes en 1943.

En la novela no está detallado el proceso que la llevó de víctima a victimaria, solo su lucha épica contra Santos Luzardo, el educado abogado de la capital, que vuelve a su lugar de origen para arreglar unos asuntos legales de su hacienda y decide quedarse a enfrentar los malos manejos de la doña.

Doña Bárbara es una novela realista, pero con un componente que hace que tenga infinidad de lecturas: lucha entre civilización y barbarie, efigie del dictador Juan Vicente Gómez; retrato de la Venezuela rural e incluso de la no rural; novela machista en la que la mujer empoderada es mostrada como un monstruo; novela feminista en la que una víctima logra el control de su vida aunque el patriarcado termina derrotándola; personificación de la llanura embrutecedora pero que puede ser redimida; modelo de la lucha descarriada por el poder total; muestra de que el instinto maternal siempre triunfa y muchas más. No es poca cosa que una novela permita tantas interpretaciones diferentes y contrarias.

Los personajes de esta novela son tan poderosos y contundentemente retratados que se han convertido en símbolos de actitudes y comportamientos. Doña Bárbara es la gobernante corrompida y cruel que hace lo que sea por poder y dinero; Santos Luzardo demuestra que la educación, la civilidad y el respeto a las leyes son propios del hombre verdadero; Mr. Danger es el extranjero malvado que roba las riquezas del país cuadrándose con los poderes que no las defienden; Marisela y Carmelito son el alma pura del pueblo; Ño Pernalete es el militarote arbitrario que se abusa de su cargo y Mujiquita el infeliz cobarde que ayuda a que los atropellos tengan visos de legalidad.

Casi cien años después de su publicación, *Doña Bárbara* sigue emocionando a sus lectores, molestando a los Ño Pernalete, burlándose de los Mujiquitas y advirtiendo del peligro de la barbarie.

Teresa de la Parra y las mujeres enjauladas

Por Violeta Rojo

Teresa de la Parra (París, 1889-Madrid, 1936). Escritora considerada una de las más destacadas de su época. A pesar de que gran parte de su vida transcurrió en el extranjero, supo expresar en su obra literaria el ambiente íntimo y familiar de la Venezuela de ese entonces. Incursionó en el mundo de las letras de la mano del periodismo, y escribió dos novelas que la inmortalizaron en toda América del Sur: *Ifigenia* (1924) y *Memorias de Mamá Blanca* (1929).

Violeta Rojo (biografía en la página 210).

Teresa de la Parra publicó *Ifigenia* —posiblemente la primera novela feminista venezolana y una de las primeras latinoamericanas— en 1922, siete años antes que el ensayo *Una habitación propia* de Virginia Woolf.

Ana Teresa Parra Sanojo es considerada una de las grandes plumas venezolanas del siglo XX. Nace en Francia por casualidad, vuelve a Caracas siendo muy niña, estudia luego en España. Regresa a Caracas, publica algunos cuentos en diarios, gana un concurso literario, aparece *Ifigenia* y se radica en París, donde su novela es traducida al francés. Allí publica su segunda novela, *Las memorias de Mamá Blanca*, hermoso recuento de la infancia en una hacienda de caña de azúcar, que pronto se traduce al francés y luego al inglés. Después pasa un tiempo viajando y dando conferencias, hasta que enferma de tuberculosis y dedica los últimos años de su corta vida a tratar de recuperarse en diferentes sanatorios.

Parra no tiene una amplia obra: dos novelas (la que nos ocupa, que pasó por los nombres sucesivos de *Diario de una señorita que se*

fastidia en 1922 e *Ifigenia. Diario de una señorita que escribió porque se fastidiaba* en 1924 y *Las memorias de Mamá Blanca* de 1929), algunos cuentos (*La Mamá X*, 1923), artículos y conferencias (publicadas estas como *Influencia de las mujeres en la formación del alma americana*) y un nutrido epistolario. Pero qué alta calidad la de esas menos de mil páginas, en las que hay donosura de lenguaje, bien dibujados personajes y profundidad en el análisis de la sociedad venezolana y de la situación de la mujer.

Ifigenia cuenta la historia de María Eugenia Alonso, una caraqueña de dinero criada en Francia, que debe retornar a Venezuela a la muerte de su padre. En Caracas se entera que ha sido despojada de su herencia y que la vida de una mujer decente de su nivel y sus escasos medios económicos implica el encierro, la devoción y casarse con alguien adecuado, social o económicamente. Acostumbrada a la lectura, el teatro, la ópera y los conciertos, la aburridísima vida caraqueña hace que comience a escribir su diario. Pronto aparece un gran amor, Gabriel Olmedo, quien prefiere casarse con una rica heredera y luego César Leal, hombre más que convencional que considera que las mujeres deben regirse por normas estrictas, no saber demasiado, mucho menos leer y, por supuesto, dejarse guiar por su marido. María Eugenia comprende que la única opción de una mujer sin renta ni habitación propia es la misma que la de la Ifigenia griega: el sacrificio al monstruo de la «sociedad, familia, honor, religión, moral, deber, convenciones, principios». Por tanto, debe escoger entre el matrimonio con un hombre que la dominará, escaparse con otro en el que no puede confiar o la soltería subyugada a las imposiciones y la caridad de su familia.

María Eugenia Alonso oscila entre la frivolidad y las agudas miradas a lo que la rodea y su diario muestra inteligencia, ironía y, sobre todo, su claridad en que una mujer sin dinero y sin posibilidades de ganarlo está totalmente desasistida a menos que se sacrifique a las convenciones. Su análisis descarnado y elegantemente narrado de la terrible situación de la mujer la sitúa junto a las adelantadas de su época.

Elizabeth Schön, la voz y el espectro

Por Juan Carlos Méndez Guédez

Elizabeth Schön (Caracas, 1921-2007). Poeta, dramaturga y ensayista. Obtuvo el Premio Municipal de Poesía (1971) y el Premio Nacional de Literatura (1994). Fue homenajeada en la décima edición de la Semana Internacional de la Poesía de Caracas, en julio de 2003. Su poesía trata sobre temas vinculados a los valores, la filosofía, la interioridad. Relacionada con el teatro del absurdo, su dramaturgia hace énfasis en la necesidad de la presencia del otro.

Juan Carlos Méndez Guédez (Barquisimeto, 1967). Entre otros títulos es autor del libro de cuentos *La diosa de agua* (2020) y de la novela *La ola detenida* (2017). Doctor en Literatura Hispanoamericana por la Universidad de Salamanca.

1. Existen tres clases de personas en el mundo. Los vivos, los muertos y los insomnes.

El insomne no habla desde ningún lugar conocido durante las horas de luz diurna; no habla desde el sueño; no habla desde la muerte; no habla desde la vida. Solo él conoce desde dónde surge su voz; ese es el secreto inútil que extravía cuando amanece y que jamás puede ser recordado.

Así mismo lee el insomne. Desde un lugar donde no respira y tampoco reposa.

2. Elizabeth Schön, venezolana nacida en 1921, fue esencialmente poeta pero para mí su libro más cercano es un libro en prosa: *El abuelo, la cesta y el mar* publicado en 1965. Lo abro en mitad de la noche; noche que zumba entre mis sienes.

Leer desde el insomnio es un enfrentamiento: hay dos lenguajes que se combaten, chocan. El insomnio es un asunto de lenguaje: palabras indetenibles, palabras que incendian. El insomnio es desbordamiento de frases y un libro como *El abuelo...* es la exacta dimensión contraria: concisión, sosiego, susurro. El insomnio grita; el libro que tengo en mis manos dice palabras para hacer silencio.

3. Pasé mi adolescencia vagando con la garganta incendiada de ron por las calles de Los Rosales, lugar donde se encontraba la mítica casa de Schön: la «quinta Ely»: espacio reverberante, con olor a mangos y jazmines. Se decía que era una de las casas encantadas de Caracas, pues allí paseaban el fantasma de una muchacha y de un perro que no se resignaba a abandonar sus antiguos territorios de juego.

Por otro lado, algún joven poeta presenció el momento en que Schön escribió textos tomada por un trance en el que las palabras fluían a su boca como un resplandor lejano, propio; lo que podría explicar las afirmaciones de la escritora al decir que su conexión con lo espiritual era de orden muy concreto.

Vivía Schön para la literatura y sus territorios, ajena al fragor efímero de la vida cultural del país. Pese a ello, en 1971 ganó el Premio Municipal de poesía y en 1994 el Premio Nacional de Literatura. Justa recompensa para una obra que se inició en 1953 con *La gruta venidera* y concluyó en 2007 con su título *Luz oval*.

4. Adoro la anécdota que atribuye *El abuelo, la cesta y el mar* al espectro de un anciano que se le apareció a Schön en una playa. Pero lo real es que hablamos de una joya oculta de la literatura latinoamericana. Allí, cada escena traduce una epifanía: la vida como transcurrir que trasciende el yo; la existencia como lenguaje que se expresa en el silencio; la quietud contemplativa como el modo de integrarnos en el cosmos; el verbo que funda el mundo. Diamantes, monedas de oro, que se van abrillantando en el asombro de nuestras manos y nuestros ojos de lector.

5. Amanece. Al fin. Los ojos me arden. Leo con cansancio pero con gratitud: «Casi llegando al final de la playa volví la cabeza hacia atrás: contra el horizonte la figura del abuelo se destacaba nítida, precisa, como una gran cruz...». El sol arde sobre el cielo. Estoy exhausto, pero de nuevo pertenezco al mundo de los vivos. Las palabras de Schön han salvado mi noche. Otra noche. La noche siempre.

Índice de autores

Autores

Autores reseñados